JN057038

ブックレット新潟大学

消費税の仕組みの裏側
—人件費との関係—

藤巻 一男

新潟日報事業社

も　く　じ

まえがき

　本書では、国の基幹税である所得税と消費税の仕組みと特徴について
とりあげます。所得税は個人が１年間に稼いだ所得に対して課される税
金であり、所得を得た人がその納税の義務を直接負います。一方、消費
税の納税義務者は製造業、卸売業、小売業等を営む事業者ですが、各事
業者は消費税分を販売価格に上乗せすること（転嫁）によって、最終的
に消費者が消費税分を負担することが予定されています。

　所得税と消費税は、納税義務者、税額の算定方法等がまったく異なり
ますが、これら２つの税金について角度を変えて観察すると、ある共通
点が見つかります。それは、いずれも課税対象に給与・賃金等の「人件
費」が含まれていることです。働いた経験のある方であれば、勤労の対
価として得た給与等の所得に対して所得税がかかることはご存知だと思
います。一方、人件費がどうして消費税の課税対象になるのかについて
は、事業関係者を含めすぐには理解できない方が多いのではないでしょ
うか。一般の消費者の方はもとより、経営・経理・財務等に従事する事
業関係者ですら、そのことを認識されていない方が多いようです。その
理由は、消費税額の計算過程において人件費が登場しないからだと考え
られます。消費税の一般的な解説書によれば、給与等は雇用契約に基づ
く労働の対価であり、「事業」として行う資産の譲渡等の対価に当たら
ないので、消費税の課税対象外（不課税）であると説明されています。
給与等の人件費は消費税の計算過程の裏側に置かれているために見えに
くいのですが、実は消費税の課税対象に含まれているのです。消費税額
と人件費との関係については、第３章で解説します。

　人件費に着目すると、従来の通説的な評価とは異なった所得税と消費税の特徴が見えてきます。例えば、通説的評価に、所得税の税収は景気動向に左右されやすいのに対して、消費税の税収は比較的安定しているというものがあります。現象的にはその通りですが、人件費に着目すると、所得税の税収変動性の中にも安定的な要因があることや、消費税の税収安定性の中にも脆弱性が潜んでいることが分かります。

　消費税については、その税収安定性等から社会保障の財源として注目されるようになり、その地位も高まってきました。バブル景気の時期に当たる1980年代後半の国税収入は、所得税４割と法人税３割で全体の７割を占めていましたが、近年の国税収入は所得税が３割、法人税が２割にとどまり、消費税が３割を占めるようになりました。所得税や法人税は、消費や投資の活性化、企業の成長促進等の観点から減税が行われてきました。一方、消費税は平成元（1989）年に導入され、３度にわたる税率の引き上げを経て、社会保障の財源として位置付けられるようになりました。財務省によれば、消費税は税収が安定的に推移しており、また、特定の者に負担が集中せず、国民全体で広く負担するものであることから、高齢化社会における社会保障の財源にふさわしいとされています。消費税は、このように優れた特徴が強調される傾向にありますが、人件費に着目したアプローチによってその弱点も見えてきます。

　本書を執筆した動機は、あとがきでも述べましたように、一般の人々にとって消費税と所得税は生活に及ぼす影響が大きいにもかかわらず、各税の本質的な特徴について的確に理解できるような情報が広く提供されていないように感じられたからです。本書は税金を初めて学ぶ方を対象としていますが、所得税と消費税の基本的な仕組みとともに、それらの本質的な特徴や問題点を深く掘り下げて解説します。

第1章　租税とは何か

第1節　租税の意義と根拠

　租税とは何でしょうか。租税は一般的には「税」や「税金」と呼ばれ、私たちが得た財産の一部をお金で政府に納めるものとして理解されています。お金が現在のように流通していなかった時代においても、米、絹などの現物による納付や、水利工事、道路の修造、役所や寺院の造営等のために労役を提供する形で租税は存在しました。租税は、長い歴史の中で経済社会の変化に合わせながら、その形を何度も変えてきました。

　例えば、飛鳥時代において大宝元（701）年に完成した大宝律令では、租・庸・調という税の仕組みができました。租は田の面積に対して課され、収穫量の約3％を稲で納めさせました。庸は都での年10日間の労役の提供又はその代納物（布が主、米・塩・綿など）を納める税であり、調は布や絹などの諸国の特産物を納める税だったようです。また、江戸時代には、田畑に課税される年貢の地租が中心であり、米などで納めていました。商工業者に対して、運上金・冥加金（株仲間と呼ばれる同業者に商売の特権を認めるかわりに納める一種の営業税）といった形で納められたこともありましたが、年貢が税収のほとんどを占めていました。このように近世までは米などの現物や労役が、税を納める主要な手段でした。

　明治維新以降は、欧米諸国の影響を受けて資本主義化が急速に進み、貨幣経済が発展しました。その結果、原則として、お金で税を納めるようになりました。明治政府は歳入の安定を図るため、明治6（1873）年に地租改正条例を施行し、土地の地価の3％を地租としてお金で納めさ

せました。また、商工業の発展に対応するための新たな税として、所得税を明治20（1887）年に導入しました。所得税の仕組みは、イギリスが1799年に初めて導入したもの（以後廃止・導入を繰り返し、1842年に定着）であり、日本はそれを参考にしました。所得税の国税収入に占める割合は、当初1～2％程度に過ぎませんでしたが、経済発展に伴い大正時代（1912～1926年）には所得税の税収は国税収入の中心を占めるようになりました。また、個人にのみ課税されていた所得税は、明治32（1899）年の全面改正で法人の所得にも課されることになり、昭和15（1940）年の法人税の創設へとつながっていきます。今日の税の基礎ができ始めたのもこの頃です。

　ところで、国家は何を根拠に課税権を有し、国民はどういう理由で租税を負担しなければならないのでしょうか。この「租税の根拠」について、かつて利益説と義務説というものがありました。利益説とは、租税は国民が国家によって財産や身体を保護されている利益に対する対価であるので、各人の受ける利益と税負担とは比例しなければならないという考え方です。言い換えると、租税は行政サービスの対価として負担するものということです。しかし、このような考え方は、後述する今日的な租税の性質と相いれないものです。また、義務説とは、国家はその目的を達成するために課税権を有し、国民は当然に義務を有するという考え方です。しかし、このような考え方は権威主義的な国家思想に結びつく可能性があるとして、今日では支持されていません。

　今日の民主主義国家において広く支持されている考え方は、会費説と呼ばれるものです。会費説とは、租税は国家社会の維持のための必要な経費を、国民がその負担できる能力等に応じて支払う会費のようなものであるという考え方です。

　かつて所得税法の課税規定が給与所得者に不利であることを理由に、課税処分の取り消しを求めて争われた裁判がありました。原告の大島正氏の名前を取って、大島訴訟（サラリーマン税金訴訟）と呼ばれています。その最高裁判決の中で、「…およそ民主主義国家にあっては、国家の維持及び活動に必要な経費は、主権者たる国民が共同の費用として代表者を通じて定めるところにより自ら負担すべきもの」（最（大）判昭和60（1985）年 3 月27日民集三九巻 2 号247頁）と述べています。つまり、租税とは社会共通の費用を広く公平に分かち合う会費のようなものであり、税制とはその負担の仕方について主権者たる国民の代表である議員が国会で定めた仕組みということです。

　税務行政を担当する国税庁によれば、次のように説明しています。「国や地方公共団体は、行政活動を通じ、私たちの生活に欠かすことのできない公共サービスなどを提供していますが、そのような活動に必要な費用を、私たちは税金という形で負担しています。税金は、民主主義国家の国民にとって、共同社会を維持するための、いわば『会費』と言えるでしょう。」（国税庁、巻末参考資料12）

　また、税制の企画・立案を担当する財務省も次のように説明しています。「このように、みんなが互いに支え合い、共によりよい社会を作っていくため、この費用を広く公平に分かち合うことが必要です。まさに、税は「社会の会費」であると言えます。」（財務省、巻末参考資料13）

　今日では、このような会費説の考え方が一般的にとられています。

　次に、租税の意義や性質について整理してみましょう。前述の大島訴訟の最高裁判決では、「租税は、国家が、その課税権に基づき、特別の給付に対する反対給付としてでなく、その経費に充てるための資金を調

達する目的をもつて、一定の要件に該当するすべての者に課する金銭給付である」と述べています。給付とは物の交付やサービスの提供であり、反対給付とはそれらの交付や提供に対して支払う対価です。

　私たちが、お店で物を購入する場合やサービスの提供を受ける場合、それらの価値に見合う対価を金銭で支払います。商取引では、このように給付に対してその見返りを支払うような取引、すなわち「対価性」のある取引が通常行われています。

　それでは、公的サービスと租税との関係はどうでしょうか。上記判決文では、両者の関係を「特別の給付に対する反対給付としてでなく」と説明しています。公的サービスには、警察、消防、防衛のように特定の者だけを対象とすることが困難なものや、社会保障や教育のように費用負担が可能な者に対してのみ提供するのは社会的に不適当なものがあります。例えば、自然災害に遭遇すれば、各人の税負担の有無や多寡に関係なく、公的機関から救助や支援を受けることができます。したがって、公的サービスと税負担とは、給付と反対給付という「対価性」のある関係にはありません。このことを「非対価性」と言います。

　公的サービスは、値段を付けて販売しその費用を回収するという市場取引は成立しません。もし、公的サービスを民間企業に任せ、民間の商取引のルール（市場原理）に委ねた場合、必要な量や水準のサービスが提供されなくなります。そこで、法律によって納税義務を課し、公的サービスの財源確保が必要になります。法的強制がなければ、公的サービスへのフリー・ライダー（ただ乗り）が蔓延することになります。

　ここでまとめをすると、租税は次のような性質を有しています。
・公益性：租税は、年金、医療などの社会保障・福祉や、水道、道路などの社会資本整備、教育や警察、消防、防衛といった公的

　　　　サービスの提供に必要な資金を調達するための手段です。
・**権力性**：租税は国民の財産を強制的に国家に移す手段であり、国民の
　　　　財産権を侵害するので、権力的な性質を有しています。
・**非対価性**：納税者は公的サービスの受益者ですが、その関係は直接的
　　　　なものではないので、租税は反対給付の性質を持ちません。
・**一般性**：租税は、特定の者を対象としたものではなく、広くすべての
　　　　国民に課されます。
・**金銭給付**：租税は、金銭で納付することを原則とします。ただし、相
　　　　続税や贈与税では金銭で納付することが困難な場合には、例
　　　　外的に物納によることも認められます。

　租税の権力性に関係する重要な概念として、**租税法律主義**という考え
方があります。主権者たる国民によって選ばれた代表者が国会において
租税に関する法制度（税制）を定めます。政府が国民に対して租税の賦
課（割り当てて負担させること）や徴収（取り立てること）をするため
には法律の根拠を必要とするという考え方を租税法律主義と呼びます。
日本国憲法では、次のように定められています。
　　第30条　国民は、法律の定めるところにより、納税の義務を負ふ。
　　第84条　あらたに租税を課し、又は現行の租税を変更するには、法律
又は法律の定める条件によることを必要とする。
　憲法29条で保障する私有財産制度の下において、租税の賦課・徴収は
国民の財産権の侵害に当たります。そこで、租税の賦課・徴収は、国会
において定める法律の根拠に基づいて行われなければなりません。租税
法律主義の下で法律の制定・改廃・適用が安定的に行われ（法的安定
性）、そのことによって私たちは社会生活を安定的に営むことができま
す。身近な例を挙げると、学生がアルバイトで得た年収がいくらまでな

ら所得税がかからないのか、あるいは親の扶養控除の対象になるのかなどは、所得税法で明確に定められた規定に基づいて判断し予測することができます。租税法律主義は、国民の経済活動に法的安定性と予測可能性を与え、国民の財産権を保障しているのです。

第2節　租税の目的と機能

租税は、以下のような目的や機能を有しています。

・公的サービスのための資金の調達

政府（国、都道府県、市区町村）は、私たちが健康で文化的な生活を送るために個人ではできないような様々な公的サービスを提供しており、政府はそのために多くの資金を必要としています。租税はその資金調達のための最も重要な手段として位置付けられています。

・所得再分配

自由主義経済の下で競争原理に委ねたまま所得や資産が分配されると、それらは一部の者に集中し格差が拡大してしまい、社会的に見て望ましくない事態を引き起こすことがあります。租税は所得税や相続税の累進課税（第2章第2節）の仕組みを通じて、歳出における社会保障給付と合わせながら、所得や資産の再分配を図る役割を果たしています。

・景気調整

市場経済では景気変動は避けられません。急激な変動は国民生活に大きな影響をもたらします。租税には、急激な変動を抑制し、経済の安定化に寄与する機能もあります。すなわち、租税は、好況期にはGDPの伸び以上に増加して総需要を抑制する方向に作用し、不況期には逆に伸びが鈍化して総需要を刺激する方向に作用することで、景気を自動的に安定化する役割を果たしています。その代表例が所得税や法人税です。

・その他の政策目的

　租税は国家が政策を達成する上で、様々な目的に利用されます。例えば、一定の寄附金に対して、租税を減免する等の方法により慈善、学芸等の奨励を図るような文化政策が採られることがあります。

第3節　租税原則

　税制はどのような理念に基づいて作られているのでしょうか。望ましい税制を構築するために準拠すべき一般的基準を租税原則と言います。租税原則については、アダム・スミス（Adam Smith、1723-1790、イギリス）、アドルフ・ワグナー（Adolf Heinrich Gotthilf Wagner、1835-1917、ドイツ）、リチャード・エイベル・マスグレイヴ（Richard Abel Musgrave、1910-2007、アメリカ）などの経済学者が中心となって議論が行われ、さまざまな租税原則が提唱されました。租税原則は経済社会の構造変化に伴って変わってきましたが、「公平・中立・簡素」の3要素はいずれの説でも重視されました。今日の日本でも「公平・中立・簡素」は、主要な租税原則として位置付けられています。

1　公平性

　納税者が不当な苦痛を感じることなく、社会的に是認できる範囲内で租税を支払える能力（経済力）のことを担税力と言います。担税力の基準としては、所得、財産及び消費の3つを挙げることができます。

　今日では、国民の義務とされる税負担は、一人一人の納税者の担税力に応じて課すことが公平であると一般に理解されています。公平性は、租税原則の中で最も重要な概念であると考えられています。担税力に応じた公平な課税を議論する場合、2つの見方があります。一つは大きな

担税力を持つ人はより多く負担すべきであることです。これを**垂直的公平**と言います。もう一つは担税力が同等の人々は等しく負担すべきであることです。これを**水平的公平**と言います。これら2つの公平の概念について、所得税と消費税に当てはめて説明します。

　所得税は、個人が1年間に稼いだ所得にかかる税金であり、原則として累進課税が適用されます。累進課税とは課税対象である所得金額が大きくなるほど、税率が高くなる仕組みです（第2章第2節）。所得税は、この累進課税によって担税力の高い人がより大きな割合で負担することになるので、垂直的公平の観点から優れた税金であると言えます。

　しかし、担税力の大小を問わず、納税者のすべてが稼いだ所得を正しく申告しているとは限りません。給与所得者は、勤務先から給料（給与所得）を受け取る際に所得税の一部が概算により月ごとに天引き（源泉徴収）され、年末にその年の所得税額を正しく計算し、確定させる仕組み（年末調整）があります。これによって、給与所得者が得た所得は、ほぼすべて把握され、正確に課税されます。一方、小売、飲食、各種サービス業等に従事する者や、農林水産業に従事する者の場合、その事業によって1年間に稼いだ所得（＝総収入金額－必要経費）のすべてを自ら正しく計算し、申告しているとは限りません。このように職業間において所得税の負担格差が生じることがあります。本来課税対象とされるべき所得の内、税務署がどの程度把握しているかを示す割合のことを捕捉率と呼びます。この捕捉率は職業によって異なり、給与所得者は約9割、自営業者は約6割、農業、林業、水産業従事者は約4割と言われたことがあります。このような職業別の捕捉率較差のことを「**クロヨン（9：6：4）**」と呼ぶことがありました。この言葉に象徴されるように、所得税は担税力の同等の人々が等しく負担をしていないことから、水平

的公平の観点から劣っているという見方もできます。

　これに対して、消費税はどうでしょうか。消費税の納税義務者は、製造業・卸売業・小売業などを営む各事業者ですが、最終的な負担者は消費者とされています。消費税は、消費者の所得の多寡にかかわらず、同じ買い物をすれば同一の税率により負担されます。一般に低所得者になるほど所得に占める消費支出の割合が高くなることが、各種の調査データから明らかとなっています。したがって、低所得者ほど、所得に占める消費税の負担割合が高くなる傾向にあります。これを消費税の逆進性と言い、所得税の累進性と対比されることがあります。その意味で、消費税は垂直的公平の観点からは劣っているという見方ができます。

　一方、消費税は水平的公平の観点から優れた税金であると言えます。消費税は、モノやサービスの購入を通じて必然的に負担する税金であり、同じ消費水準の人には同程度の負担が生じます。つまり、消費税は、同等の消費をする個人に対して、同等の負担を求めることができます。

　以上のとおり、垂直的公平の観点からは所得税が優れており、水平的公平の観点からは消費税が優れていると一般に理解されています。しかし、実際には、所得税については累進税率による総合課税の対象外となる金融所得（利子・配当・株式譲渡所得）等が存在し、垂直的公平が維持されていない部分もあります（第 2 章第 3 節）。

　また、近年では、世代間の公平という視点も重要になってきました。これは、日本では急激に人口構造の高齢化が進んだことにより、生まれた時代によって人々の一生涯に支払う税負担の水準に不公平が発生する可能性があることを背景としています。世代間の公平の観点からは、勤労世代に負担が偏る所得税よりも、広く社会の構成員が税負担を分かち合うことができる消費税の方が優れているという見方もできます。

2 中立性

　中立とは、一般に偏りが無い状態、あるいはどこからも影響を受けていない状態を意味します。それでは、税制の中立性と言った場合、具体的にどのようなことを意味するのでしょうか。税金は、公的サービスの財源を調達するために、個人や企業が経済活動から得た財産の一部を強制的に徴収するので、それらの経済活動に対して税金が何らかの影響を与えることは避けられません。そこで、個人や企業の経済活動をより円滑に行うことができるように、税負担の影響をできるだけ抑えることが求められます。「中立」の原則とは、税制が人々や企業の経済活動をできる限り阻害しないことを意味します。経済の国際化・成熟化が進展する中で、民間部門の潜在力を引き出し活性化させるためにも、経済活動において税制の中立性を確保することが一層重要になってきています。

　税制の中立性について、多くの人々の生活に影響を与えてきた消費税等の間接税を例にとって説明しましょう。平成元（1989）年に導入された現在の消費税は、物品やサービスの消費一般に広く課される税金です。この消費税が導入される前は、自動車や貴金属など特定の高級贅沢品を課税対象として、メーカーの出荷時に課される物品税と呼ばれる税金がありました。物品税は消費税の導入に伴い廃止されましたが、それまで企業の経済活動を歪めるものとして問題視されていました。経済学的には、このような現象を市場による資源配分を歪めるという言い方をします。新たに開発された商品は初期の段階では販売数が少なく価格も高く贅沢品と言えるでしょうが、その種の商品を製造販売する企業の数が増えて供給量が増加すれば、その種の商品の価格が下がり大衆化します。これが需要と供給の一般的な関係であり、市場原理です。

　特定の物品だけを政府が贅沢品と認定して物品税の課税対象として固

定化したら、そのような市場原理は働きにくくなります。消費者は、課税物品の購入を避けるように行動し、それに代わる商品を求めることもあるでしょう。当時の物品税は、例えば、コーヒーやココアは課税で緑茶や紅茶は非課税、ストーブは課税でコタツは非課税などのように、商品の大衆化等の流れにかかわりなく、固定化されていたのです。

　物品税に代わって導入された消費税は、物品だけでなくサービスも対象として消費一般に広く課税される間接税であり、一定の税率で製造・卸売・小売の各段階の取引に課されるものです。消費税にも非課税取引が一部ありますが、物品税と比べると、消費者や企業の経済活動に対して中立的な税制と言えます。ただし、消費税は原則としてすべての財やサービスに対して課されますので、消費や生産が低迷する経済状況の下では、消費税が事業者や消費者の活動を更に停滞させるなどの影響を与えることになります（第 3 章第 3 節・第 4 節 2）。

　また、税制の中立性については、経済社会のグローバル化の観点からも検討が必要です。各国の税制はその国の歴史や文化、経済や社会の仕組みを反映して構築されてきましたが、法人税や金融所得に係る税金などの仕組みや負担水準が先進主要国間であまりにもかけ離れたものになっていると、企業の国際的な競争力、経済の活力、資本移動の観点から問題が生ずる可能性があります。そこで、税制の中立性の確保は、国際的整合性の観点からも重視されています。

3　簡素性

　「簡素」の原則とは、税制の仕組みをできるだけ簡素なものとし、納税者が理解しやすいものとすることです。これは税務行政における執行上のコストを抑えることも同時に意味します。民主主義国家では徴税に

要するコストを抑えるとともに、納税者の理解を容易にし、納税事務に係る負担を軽減することは重要です。

　しかし、実際には租税制度の簡素性の維持や確保は容易ではありません。経済取引の複雑化、多様化、グローバル化に対応しながら、適正・公平な課税を実現していくために、税制は精緻化・複雑化してきました。所得税、消費税、法人税等の納税額を適正に計算するためには各税法の専門知識が必要になりますので、税理士等の正規の資格を有する専門家に頼らざるを得ないことも多々あります。また、税務職員による税務調査でも、その申告内容のチェックに時間がかかることになります。税制の複雑化は、概して国民の経済活動の妨げになります。簡素性の観点から、現行の税制を改めて見直してみることも必要です。

　以上の３つの租税原則は、常に全てが同時に満たされるものではありません。例えば、公平負担の観点からは所得税法上の各種所得控除を各層の担税力に応じて精緻化し充実させることは望ましいのでしょうが、そのことによって税額計算が煩雑になり、簡素性が損なわれることになります。また、ある所得控除の恩恵を受けるために、納税者の働き方などの経済活動が左右されることになれば、中立性を損なうことにもなります。公平・簡素・中立の原則はトレードオフの関係になる場合があります。なお、令和元（2019）年10月に低所得者対策として導入された消費税の軽減税率については、それによる効果と事業者の納税や執行当局の徴税の事務負担の増加とを比較考量して、制度の在り方を改めて考えてみることも必要でしょう（第３章第４節４）。

第4節　租税の種類と体系

　税金にはそれぞれ固有の特徴があります。税収が特定の税目（租税の種目）に偏りすぎると、税負担の公平な配分や経済的中立性を妨げ、また、簡素性の要請を軽視することになりかねません。そこで、税制全体として、それぞれの税目を適切に組み合わせて、租税体系を構築していく必要があります。全体としてバランスのとれた租税体系を構築していくことを、「タックスミックス」と呼ぶことがあります。日本における税金の種類（税目）は、国と地方をあわせて約50あります。

　租税を徴収する課税主体に着目した分類として、国税と地方税があります。課税主体が国であるものを国税、地方公共団体であるものを地方税と言います。所得税と消費税は国税に該当します。

　担税力を測る基準に着目した分類方法として、所得課税、資産課税、消費課税があります。所得課税は所得を得たという事実に基づいて課税するものであり、所得税や法人税がこれに当たります。資産課税は、財産の保有・取得という事実に対して課される税であり、相続税（国税）や固定資産税（地方税）等がこれに当たります。消費課税は、消費という行為に課される税であり、消費税、地方消費税等がこれに当たります。

　税負担の軽重を負担者側の属性に着目した分類方法として、応能税と応益税があります。応能税は負担者側の負担能力に応じて課税するものであり、所得税、法人税、相続税等があります。応益税は各種行政サービスから受ける恩恵の度合いに応じて課税するものであり、消費税、地方消費税、固定資産税等があります。

　税金の使途による分類方法として、普通税と目的税があります。普通税は一般の経費に充てられ、目的税は特定の経費に充てられるものです。消費税は、もともと普通税に分類されるものですが、その導入や税

率の引き上げを巡る政治的プロセスを経て社会保障の財源として目的税化されました（第3章第2節）。

　転嫁の有無に着目した分類として、**直接税**と**間接税**があります。**転嫁**とは、納税義務者が課税された税負担を、取引を通じて他者へ移し替えることを意味します。この分類は所得税と消費税の本質的な違いに関わるものですので、少し詳しく述べておきます。

　税金を負担する者が直接その税金を納めることを予定して立法された租税を直接税と言います。所得税、法人税、相続税等がこれに該当します。直接税では、法律上の納税義務者と担税者が一致します。

　これに対して、納税義務者から他者に税負担を転嫁することを予定して立法された租税を間接税と言います。消費税、酒税等がこれに該当します。間接税の場合、税金を納める者が税金を負担する者と異なります。例えば、製造者が国へ納めた税が、取引を通じて製造業者から卸売業者に移り、更に卸売業者から小売業者へ、小売業者から消費者へと順々に移っていくことにより、転嫁が行われます。転嫁の結果、税が消費者の負担となった場合に、税が消費者に帰着します。

　しかし、直接税と間接税の区分には、実際上、曖昧なところがあります。直接税に分類される法人税については、法人が消費者、売上先、借入先、株主等の利害関係者との間で行う各種の取引活動を通じて、その負担を実質的に移し替えるような転嫁が、外部からは見えにくい形で行われています。法人税の負担が、販売価格や配当等の増減に影響を与えているという見方もできます。また、間接税に分類される消費税については、市場競争力や価格交渉力の点で弱い立場にある事業者において、消費税分を転嫁できずに自ら負担することもあります（第3章第4節2）。

第 5 節　所得税と消費税の通説的な評価

　消費税と所得税はどのような特徴を有しているのでしょうか。まずは、租税原則（公平・中立・簡素）の観点から見た通説的な特徴を示します。【図表 1】は、財務省の職員によって毎年改訂版が発行されてきた『図説　日本の税制』に掲載されていたものです。

　この一覧表の内容は、消費税率が 3 ％から 5 ％に引き上げられた時期に当たる平成 9 （1997）年度版において掲載され、平成30（2018）年度

【図表 1】　所得税と消費税の特徴

区　分	所得税	消費税
垂直的公平	○税率の累進構造により、高い所得水準を有する人ほど多くの税負担を求めることができる。	×消費水準に応じて比例的に税負担を求めることができるが、所得水準に対する税負担の逆進性が生じかねない。
水平的公平	×所得の種類等によって課税ベースの把握に差が生ずるおそれがあり、同じ所得水準であっても税負担に差異が生じかねない。	○所得の種類等にかかわらず、同等の消費水準の人には同等の負担を求めることができる。
世代間公平	×税負担が勤労世代に偏りかねない。	○勤労世代だけでなく、広く社会の構成員が税負担を分かち合うことができる。
中立性（活力）	×累進構造によっては（累進度がきつい場合には）、勤労意欲や事業意欲を損ないかねない。	○生産活動に伴う所得に対して課税するものでないことや、所得水準に対する累進性が弱い（ない）ことから、勤労意欲や事業意欲に対して中立的である。
簡素性	×税率の累進構造や各種控除をはじめとして、種々の例外的な規定があり、複雑である。	○例外的な規定も少なく、比較的簡素である。
税収動向	○景気動向に伴って税収が変動するため、景気の自動安定化機能を果たすと期待される。	×景気動向に伴う税収の変動が比較的小さいため、景気の自動安定化機能も比較的小さいと考えられる。
	×景気動向に伴って税収が変動するため、安定的な公的サービスの提供が困難となりかねない。	○景気動向に伴う税収の変動が比較的小さいため、比較的安定的な公的サービスの提供が期待できる。

（出所）吉沢浩二郎編著『図説　日本の税制〈平成30年度版〉』（財経詳報社、2018）

版まで維持されていました。なお、表中の長所とされる特徴は「○」印を、短所とされる特徴は「×」印を筆者が付記しました。○印の数は所得税の2つに対し、消費税は5つもあります。本書では、所得税と消費税に関する上記評価を基に、次章以下で検討を加え再評価します。

第6節　租税と社会保険料

　財務省は消費税について次のように説明していました。
「今後、少子高齢化により、現役世代が急なスピードで減っていく一方で、高齢者は増えていきます。社会保険料など、現役世代の負担が既に年々高まりつつある中で、社会保障財源のために所得税や法人税の引き上げを行えば、一層現役世代に負担が集中することとなります。特定の者に負担が集中せず、高齢者を含めて国民全体で広く負担する消費税が、高齢化社会における社会保障の財源にふさわしいと考えられます。」
（財務省、巻末参考資料14）
　社会保障（年金、医療、介護その他福祉）の財源は社会保険料で賄うのが基本ですが、不足分は公費（税）が充当されることになります。わが国では、社会保険料の徴収体制の不備からその未納が大きな問題となっており、自営業者などの個人が国民年金の保険料を納めていない場合や、会社が従業員の社会保険料を天引きしているのにそれを国に納めていない場合も少なくありません。更に、わが国では、諸外国と比べて社会保障費に占める公費負担（税）の割合が大きく、約4割も占めています。令和元（2019）年度予算ベースで社会保障給付費123.7兆円に対して、積立金の運用収入等を除いた国民の負担額は120.3兆円であり、その内訳は保険料71.5兆円（59.4％）、公費48.8兆円（40.6％）となっています。

　財務省によれば、社会保障の財源には消費税が相応しいとのことですが、これにはいくつか疑問が生じます。まず、社会保障の財源の不足は、負担と給付の関係が明確な社会保険料の引き上げで対応するという方法が有力な選択肢と考えられます。マイナンバー制度の有効活用によって、社会保険料の未納も把握されやすくなると考えられます。

　また、低所得者層にも満遍なく一律に負担させる消費税による税収を、社会保障の仕組みを通じて再び低所得者層に分配するのは非効率ではないかとの見方もできます。更に、社会保障の財源不足には、所得税の総合課税や累進課税の見直しによる税収増を充てる方が合理的ではないかとの見方もできます（第 2 章第 3 節 1 ）。

　消費税はもともと普通税でしたが、その導入や税率の引き上げを巡る政治的プロセスを経て、社会保障の財源に充てられました（第 3 章第 2 節）。社会保障の財源に安定性を求めるのはもっともだとしても、なぜそれが消費税なのかでしょうか。所得税は安定財源とはなりえないのか、検討の余地があります（第 2 章第 3 節）。更に、消費税は他の税目と比べて滞納割合が高く、中小事業者の転嫁困難性の問題もありますので、消費税に依存し過ぎることがよいのかどうか考えてみる必要があります（第 3 章第 4 節 2 ）。

第2章　所得税の仕組みと特徴

第1節　所得税制度の変遷

　わが国の所得税は、明治20（1887）年に導入され、130年以上の歴史を有しているのに対し、消費税は、平成元（1989）年に導入され、その歴史は30年ほどです。所得税は、長期にわたり基幹税として中心的な地位を占めてきましたが、1990年代以降、その税収全体に占める割合は大きく低下してきたのに対し、消費税のウエイトは高まってきました。このような大きな転換は、なぜ起きたのでしょうか。その理由を知るためには、所得税と消費税の変遷について、それぞれ観察する必要があります。本節では所得税の変遷について説明します。

　日本の近代税制の歴史は、明治時代に遡ります。わが国は明治維新を機に近代国家への途を歩み始めました。当時の明治政府は、自国の存立を維持しつつ西欧列強諸国に追いつくために、早急に封建制度を解体し、近代的統一国家を作り上げ、国力を充実する必要に迫られていました。行政組織の整備、殖産興業政策の推進、軍備の拡張等のためには十分で安定した財政収入の確保が必要でしたので、租税制度の整備が急務とされ、地租改正や地方税制の整備など様々な改革が行われました。

　地租とは、土地の所有に係る税金です。明治6（1873）年の地租改正によって、課税標準は収穫量から地価に、納付方法は物納から金納に、納税義務者は耕作者から地主に変更され、税率は3％の定率に統一されました。これらの措置によって、政府は安定した収入を確保するとともに、納税者にとっても負担の公平が維持されるようになりました。しかし、地租を中心とする税制では、増大し続ける財政需要に対応すること

ができず、また、農業者と商工業者、貧者と富者の間の税負担の不公平の問題に対処することができませんでした。

　そこで、新たな税として所得税の導入が検討されました。所得税は1798年にイギリスで創設されたのが始まりです。わが国ではイギリス等の所得税制を参考にしながら、明治20（1887）年に所得税が創設されました。所得税は、商工業の発展とともに多くの税収を上げられる仕組みを有しており、また負担の公平を図る上でも資本主義国家にふさわしい税金であると言えます。当時の所得税は、所得額を5段階に分けて単純累進税率を適用していました。また、同族家族の収入は戸主の所得に合算して課税（世帯単位課税）され、資産の譲渡所得が非課税とされるなど課税対象となる所得の範囲は限定的でした（制限的所得概念）。

　所得税法は明治32（1899）年に全面改正され、所得は第一種：法人所得、第二種：公社債の利子、第三種：一定金額以上の個人所得の3種類に区分して課税されることになりました。この改正によって、法人所得に対して低税率ですが、はじめて課税されることになりました。そして、法人税は、戦時期の昭和15（1940）年の改正で所得税から分離されて独自の税金になりました。また、大正2（1913）年の所得税の改正により、第三種の個人所得について単純累進税率に代えて超過累進税率が適用されることになりました（本章第2節）。

　なお、地租改正後の地租は、国税収入の主要部分を占めていましたが、第二次大戦後は府県税となり、昭和25（1950）年に固定資産税に編入されました。所得税は、応能負担の観点から優れた税金であるのに対して、地租や固定資産税は、応益税として各地方の行政サービスの財源にふさわしい税金であると言えます。

　第二次大戦後、日本は昭和20（1945）年9月にポツダム宣言を受諾し、

連合国軍最高司令官総司令部（GHQ総司令部）により様々な占領政策が実施され、税制も大きな転換期を迎えました。昭和22（1947）年の改正では、所得税・法人税・相続税等の直接国税の分野で申告納税制度が採用されました。所得税については、近代的な総合累進所得税の考え方が採用され、課税所得の範囲は拡大して譲渡所得や一時所得も課税対象に取り込まれました（制限的所得概念から包括的所得概念への転換）。また、個人主義の考え方が推進され、従前の世帯単位課税から、家族一人一人の稼得者が納税義務者となる個人単位課税が採用されました。

　また、GHQの要請によりコロンビア大学教授のカール・シャウプ博士を団長とする使節団が来日し、税制改革の骨子を昭和24（1949）年に「シャウプ使節団日本税制報告書」としてまとめました。さらに、昭和25（1950）年に第二次の報告書が出されました。これら2つの報告書をあわせてシャウプ勧告と呼びます。その理念は恒久的・安定的な税制を確立し、近代的な税制を構築することでした。シャウプ勧告には、公平負担の原則を中心に据え、直接税（特に所得税）を中心とする税制や申告納税制度の定着と発展などが含まれています。所得税については、超過累進税率による総合課税の考え方を強力に推進することが提案されていました。その税制改革提案の多くは、昭和24（1949）年と昭和25（1950）年の税制改正において実現されました。

　シャウプ勧告に基づく税制は、戦後の国民経済の復興と高度成長の過程で種々の修正が加えられていきました。その中でも特に大きな改正は、昭和61（1986）年から昭和63（1988）年にかけて行なわれた「抜本的税制改革」でした。その柱は所得税の大幅減税と消費税の導入でした。この改革の背景には、当時の税制では以下のような経済社会の大きな変化に適切に対応できないのではないかとの問題意識がありました。

　その一つは、国民全体の所得拡大とともに、所得税に対する不公平感
が拡大したことです。当時の税制は所得税のウエイトが高く、また、い
わゆるクロヨン問題（税務署による課税所得の捕捉率に関する業種間格
差、第 1 章第 3 節 1）が社会的に注目されるようになりました。そして、
所得税の主要な負担者であるサラリーマンの間に重税感と不公平感が強
くなり、所得税の大幅減税を求める世論へと発展しました。

　もう一つは、昭和50（1975）年前後から経済成長の減速により税収が
伸びず予算額を下回ることが多くなったことから、安定財源を確保する
必要性が生じたことです。社会福祉関係の財政需要がますます増大した
ため、わが国の財政は公債依存体質（赤字体質）に陥りました。そこで、
新たな安定財源として、消費税が注目されるようになりました。

　ところで、所得税の大幅減税や消費税の導入の前に、一つめのクロヨ
ン問題そのものの解決に向けた取り組みはどうだったのでしょうか。ク
ロヨン問題は事業所得だけではなく、金融資産による所得（利子、配当、
株式等の譲渡所得）の捕捉の面からも考える必要があります。事業所得
の課税漏れによって会計帳簿に記載されない資金（簿外資金）は、金融
資産として蓄積されることが多いからです。当時は銀行預金や郵便貯金
等で仮名口座を作ることが比較的容易にできたため、税務署が金融資産
による所得をきちんと捕捉することが困難であり、適正に課税が行われ
ていないことが問題視されていました。もし、事業所得や金融資産によ
る所得をきちんと把握して課税漏れを減らすことができていたならば、
所得税収入の増加をもたらし赤字財政の改善に寄与したことでしょう。

　実際には金融資産による所得の課税の適正化に向けた努力は1960年代
から行われており、国民一人一人に番号を付す制度（納税者番号制度）
の導入が議論されていました。古くは昭和45（1970）年に「各省庁統一

コード研究連絡会議」が設置され、省庁統一の個人コードを昭和50
（1975）年から導入する動きが進みましたが、当時の野党勢力などが強
く反対したことから、この動きは挫折しました。また、金融機関の口座
に納税者番号をつけるグリーンカード制度（少額貯蓄等利用者カード）
の法案が昭和55（1980）年1月に可決し、昭和59（1984）年1月から実
施される予定でしたが、金融業界や有力政治家等による反対派の巻き返
しが非常に強くなり、いったんその実施が昭和60（1985）年4月に延期
され、結局グリーンカード制度自体がその実施直前に廃止になりまし
た。このような経緯から、わが国では他の先進諸外国と比べて、金融資
産による所得の適正課税に向けた制度上の対応が大幅に遅れました。

　近年になると、生活保護の二重受給、旧・社会保険庁の消えた年金記
録問題、震災被災者支援時の混乱などを契機にして、「番号制度」の必
要性が改めて検討されるようになりました。平成25（2013）年にようや
く「行政手続における特定の個人を識別するための番号の利用等に関す
る法律」（いわゆる「マイナンバー法」）が公布されました。税務当局は、
その番号をキーとして、納税者の申告情報と取引先（金融機関等）から
提出された資料情報を集中的に名寄せ・突合ができるようになり、納税
者の所得情報を的確に把握できる仕組みがようやく整ってきました。

　イギリス、アメリカ、カナダが社会保障番号を税務目的に利用し始め
たのは1960年代であり、また、スウェーデン、デンマーク、フィンラン
ド、韓国が住民登録番号を税務目的に利用し始めたのも1960年代です。
もしわが国においても、その当時から番号制度を導入することができ、
金融資産による所得の課税の適正化がある程度実現できていたとした
ら、消費税の導入に向けた展開も異なった方向に進んだかもしれませ
ん。

　社会保障の財源は社会保険料で賄うのが基本ですが、社会保険料だけではその財源に不足が生じるのであれば、公費負担として所得税の収入で賄うのが合理的ではないかと考えられます。所得税は、累進課税の仕組みを有し、垂直的公平の観点から優れた特徴を有するからです。しかし、わが国では、上述のとおり金融資産による所得の適正課税に向けた制度上の対応が大幅に遅れてしまい、水平的公平における弱点をカバーすることができなかったのです。一方、消費税は、低所得者層も一律に負担する税制ですが、水平的公平や税収安定性の観点から優れているという理由で、所得税に代わり、社会保障の財源として注目されるようになったのです（第3章第2節）。

第2節　所得税の仕組み

　所得税は、個人が1年間に得た全ての所得から所得控除を差し引いた残りの課税所得に税率を適用して計算されます。平成25（2013）年から令和19（2037）年までの各年分については、復興特別所得税を所得税と併せて申告・納付します。復興特別所得税は、各年分の基準所得税額（原則として各年分の所得税額）に2.1％の税率を掛けて計算します。また、源泉所得税の徴収の際にも復興特別所得税が併せて徴収されます。

　所得税法は、個人の担税力に応じた課税を行うことを目的として、所得の種類を利子所得、配当所得、不動産所得、事業所得、給与所得、退職所得、山林所得、譲渡所得、一時所得及び雑所得の10種類に分類しています。このように所得が分類されるのは、所得はその源泉や性質によって担税力が異なるという前提に立って、各種の所得についてそれぞれの担税力の相違に応じた計算方法を定めているためです。所得の発生態様に応じて、毎年継続して発生するもの（利子、配当、給与、不動産、

事業、給与）と臨時的・偶発的に発生するもの（退職、山林、譲渡、一時）に分類できます。また、所得の発生原因に応じて、資産性所得（利子、配当、不動産、譲渡）と勤労性所得（給与、退職）、そして資産と勤労の結合による所得（事業、山林）に分類できます。

　同じ大きさの所得であっても、発生の態様や原因は異なり、その担税力は一様ではありません。概して、毎年継続して発生するものの方が、臨時的・偶発的に発生するものに比べて担税力は高いと言えます。また、勤労性所得は、個人が病気等になれば稼得しえない性質のものであるので、資産性所得と比べると不安定であり、担税力は低いと言えます。所得税法では各種所得のそれぞれの性格にできるだけ配慮して課税する仕組みを採用しています。例えば、一時所得等の臨時的所得については、所得金額の2分の1のみを課税対象とする取り扱いがあります。

　所得税計算では、まず【図表2-1】により所得の分類が行われます。次に各種所得について、それぞれ【図表2-2】に示した所得金額の計算方法が適用されます。そして所得税の大まかな計算の流れは、【図表3】のようになります。

　原則として、各種所得金額を合算して算出した総所得金額を基礎として課税されます。このような仕組みを総合課税と言います。ただし、退職所得、山林所得、利子所得、配当所得の一部、譲渡所得の一部（注）は、他の所得と分離して課税されます。

　この段階で「損益通算」及び「純損失又は雑損失の繰越控除」を行います。総合した所得が損失であったときや、災害により家屋、家財等に多大の損失を受け、損失額がその年の所得から控除しきれなかったときは、担税力に影響するので、その損失額を翌年以降3年間繰り越して所得から控除することができます。これらのプロセスを経て、課税標準で

【図表 2-1】所得の種類

種　類	内　容
①利子所得	公社債・預貯金の利子、合同運用信託・公社債投資信託・公募公社債等運用投資信託の収益の分配に係る所得。
②配当所得	株式、出資の配当等の所得。
③不動産所得	不動産（土地・建物）、不動産の上に存する権利、船舶（20 t 以上）、航空機の貸付けによる所得。
④事業所得	商工業、農業等の事業を行っている場合の所得。
⑤給与所得	給料、賃金、賞与等の所得。 原則として、金銭以外の経済的利益を含む。
⑥退職所得	退職手当、一時恩給等の所得。
⑦山林所得	5 年を超える期間所有していた山林の立木等を売った場合の所得。
⑧譲渡所得	土地、建物、ゴルフ会員権等を売った場合の所得。
⑨一時所得	上記①～⑧以外の所得のうち、営利を目的とする継続的行為から生じた所得以外の一時の所得で労務その他の役務又は資産の譲渡の対価としての性質を有しないもの。懸賞・クイズの賞金、競馬・競輪の払戻金、生命保険契約の満期返戻金等。
⑩雑所得	公的年金等の所得。 上記①～⑨のいずれにも該当しない所得。

【図表 2-2】所得金額の計算方法

①	利子所得の金額＝収入金額（※1）
②	配当所得の金額＝収入金額－株式等を取得するための負債の利子
③	不動産所得の金額＝総収入金額－必要経費
④	事業所得の金額＝総収入金額－必要経費
⑤	給与所得の金額＝収入金額－給与所得控除額（※2）
⑥	退職所得の金額＝（収入金額－退職所得控除額）×1/2
⑦	山林所得の金額＝総収入金額－（必要経費＋特別控除額）
⑧	譲渡所得の金額＝総収入金額－（資産の取得費＋譲渡費用＋特別控除額）
⑨	一時所得の金額＝総収入金額－（収入を得るために支出した金額＋特別控除額）
⑩	雑所得（公的年金）の金額＝収入金額－公的年金等控除額 雑所得（一般）の金額＝総収入金額－必要経費

（※1）利子所得に対する課税の特例により、利子所得は税率20.315％（所得税15％＋復興特別所得税0.315％＋住民税5％）により源泉徴収され、一律分離課税により納税が完結します。復興特別所得税の税率：15％×2.1％＝0.315％

（※2）給与所得者には原則として給与所得控除が適用されるが、特例として特定支出控除の制度があり、一定の範囲内で必要経費の実額控除の選択適用が認められます。

ある総所得金額、退職所得金額、山林所得金額が算出されます。

（注）譲渡所得は資産の譲渡による所得です。その資産の所有期間が5年以下であれば
　　短期譲渡所得、それが5年超であれば長期譲渡所得として総合課税の対象になります。
　　長期譲渡所得金額の算定では、2分の1が適用されます。
　　　ただし、譲渡所得のうち土地・建物や特定の株式等の譲渡による所得は、以下のよ
　　うに他の所得と分離して課税されます。
　　・土地・建物の課税譲渡所得金額の計算
　　　課税譲渡所得金額＝収入金額－（取得費＋譲渡費用）－特別控除額
　　　譲渡した年の1月1日現在の所有期間が5年以下の土地・建物の譲渡による所得は
　　短期譲渡所得に該当し、その期間が5年を超える場合は長期譲渡所得に該当し、それ
　　ぞれの税額は次により計算されます。
　　　イ　課税短期譲渡所得金額×30％（＋住民税9％）
　　　ロ　課税長期譲渡所得金額×15％（＋住民税5％）
　　・株式等に係る譲渡所得等（譲渡益）の金額の計算方法
　　　譲渡価額－必要経費（取得費＋委託手数料等）＝株式等に係る譲渡所得等の金額
　　　これに、所得税15％（＋住民税5％）の税率が適用されます。
　　　平成25（2013）年から令和19（2037）年までは、復興特別所得税として各年分の基
　　準所得税額の2.1％を所得税と併せて申告・納付することになります。

　　上記の課税標準から、納税者の個人的事情に応じて各種の所得控除を
差し引いて課税総所得金額、課税山林所得金額、課税退職所得金額を算
出します。所得控除は、納税者及びその扶養親族の世帯構成を考慮し、
その他納税者の個人的事情に適合した応能負担の実現を図るなどの目的
で設けられています。人的控除として、基礎控除、配偶者控除、配偶者
特別控除、扶養控除、障害者控除、寡婦・寡夫控除、勤労学生控除があ
ります。また、その他の所得控除（物的控除）として、雑損控除、医療
費控除、社会保険料控除、小規模企業共済等掛金控除、生命保険料控除、
地震保険料控除、寄附金控除があります。

　　課税総所得金額等を算出したら、それらに超過累進税率が適用されま
す。第1節で触れたように所得税の導入時には、単純累進税率が採用さ

【図表3】所得税の計算

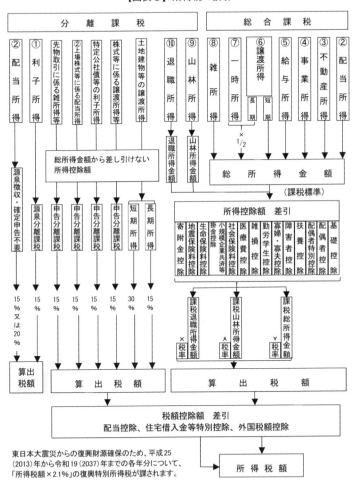

れていました。単純累進税率は、課税総所得金額が所定の額を超えたと
きにその金額全体により高い税率を乗じて税額を算定する方式でした。

しかし、この方式によると、上位の所得金額の区分に切り替わるところで、所得の増加分よりも税額の増加分の方が大きくなることが起こり得るという問題がありました。そこで、大正2（1913）年の改正により単純累進税率に代えて超過累進税率が適用されることになりました。

超過累進税率による課税は、課税総所得金額をいくつかの区分に分けて、それぞれの超過部分に順次高くなる税率を適用し、それらを合計するものです。例えば、課税総所得金額が2,000万円の場合、①〜⑥の合計額＝520.4万円が納付税額になります（【図表4】左側）。

しかし、このようなやり方では計算が煩雑です。そこで、実際上は【図表4】右側の所得税の速算表が用いられます。これを用いて計算すると、2,000万円×40％−279.6万円＝520.4万円となり、上記の計算結果と同じになります。課税総所得金額の全体に最高税率40％を乗じただけ

【図表4】超過累進税率による税額計算

所得税の速算表

課税総所得金額が2,000万円の場合

（単位：万円）

区分（万円）	計算
200（1,800〜2,000）	⑥200×40%＝80
900（900〜1,800）	⑤900×33%＝297
205（695〜900）	④205×23%＝47.15
365（330〜695）	③365×20%＝73
135（195〜330）	②135×10%＝13.5
195（0〜195）	①195×5%＝9.75

納付税額：①〜⑥の合計＝520万4千円

課税される 所得金額（A）	税率 （B）	控除額 （C）
195万円以下	5%	0
195万円を超え 330万円以下	10%	97,500円
330万円を超え 695万円以下	20%	427,500円
695万円を超え 900万円以下	23%	636,000円
900万円を超え 1800万円以下	33%	1,536,000円
1,800万円を超え 4,000万円以下	40%	2,796,000円
4,000万円超	45%	4,796,000円

（注）東日本大震災からの復興財源確保のため、平成25（2013）年から令和19（2037）年までの各年分について、「所得税額×2.1％」の復興特別所得税が課されます。

ですと、本来の算出税額よりも過大になってしまいますので、速算表ではその過大部分をあらかじめ控除額として示してあるのです。

　これまでやや細かい技術的な説明をしてきましたが、ここで垂直的公平を実現する手段である累進課税が、なぜ正当化されるのかを考えてみましょう。その根拠として、次の 2 つの考え方があります。

　一つは、経済学の「限界効用理論」的な考え方に基づくものです。これは、所得が追加的に 1 単位ずつ増えていった場合、その増加分の所得から得られる効用（満足度、ありがたみ）はしだいに少なくなるので、所得金額が高額になるに従って、より高い税率を適用することで公平性が確保できると考えるものです。わかりやすく言えば、1 万円札 1 枚に対するありがたみの感じ方は、お金持ちになるほど小さくなるので、より高い割合で課税しても公平だということです。

　二つ目の根拠は、日本国憲法25条を拠り所にするものです。その第 1 項には「すべて国民は、健康で文化的な最低限度の生活を営む権利を有する」とあり、第 2 項には「国は、すべての生活部面について、社会福祉、社会保障及び公衆衛生の向上及び増進に努めなければならない」とあります。憲法の目指す国家の実現のためには、累進課税による合理的差別は是認されるという考え方によるものです。

第3節　所得税の再評価
1　公平性の観点からの検討
　所得税は、所得の種類に応じた所得金額の計算に加え、扶養家族数等の各納税者の人的事情を考慮する仕組みや超過累進税率の適用によって、垂直的公平や応能負担の観点から優れていると評価されています。

その一方で、所得の種類等によって課税ベース（課税対象とされる範囲）の把握に差が生ずるおそれがあり、同じ所得水準であっても税負担に差異が生じかねないことから、水平的公平性の観点からみて劣っているという評価もあります。これらの評価に従えば、所得税の位置付けは【図表5】のようになります。縦軸は垂直的公平（上下が優劣）、横軸は水平的公平（右左が優劣）とした場合、所得税は左上の枠に位置します。しかし、所得税の特例措置や関連施策の運用によってそこからズレてくる部分がありますので、以下ではそれらのことを説明します。消費税は所得税の対極に位置しますが、その実際の状況については第3章でとりあげます。

【図表5】公平性からみた所得税と消費税の位置付け

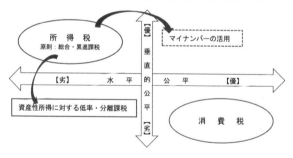

　垂直的公平の観点から、所得税の特徴を改めて評価してみましょう。所得税については、バブル崩壊以降、大規模な減税措置が行われてきました。税率の引下げ等による累進構造の緩和によって、所得税の税収が大幅に減少しただけでなく、その重要な機能である再分配機能も低下してきました。長期的にみると、所得税の特長とされる垂直的公平性は低下してきたと言えます。

　また、所得税は超過累進税率による総合課税を建前としていますが、その例外が存在します。利子所得、配当所得、株式等の譲渡による所得、土地建物の譲渡所得については比例税率による分離課税が適用されます【図表3】。その結果、垂直的公平性に反するような現象が生じています。【図表6】は、申告納税者の所得税の負担率を示したものです。

　中低所得者層は、概して給与所得や事業所得等の勤労性所得を得ながら生計を立てています。これに対して、高所得者層は、その稼得したすべての所得のうち預貯金・株式等の金融資産や不動産の保有や処分による資産性所得の占める割合が高くなり、これらには低税率による分離課

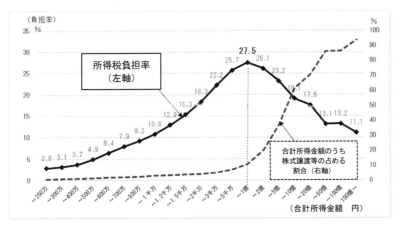

【図表6】申告納税者の所得税負担率

（備考）国税庁「平成25（2013）年分申告所得税標本調査結果（税務統計から見た申告所得税の実態）」より作成。
（注）所得金額があっても申告納税額のない者（例えば還付申告書を提出した者）は含まれていない（合計所得金額：円）。また、申告不要を選択した場合の配当所得や源泉徴収で課税関係が終了した源泉徴収特定口座における株式等譲渡所得や利子所得等も含まれていない。
（出所）財務省　税制調査会平成27（2015）年10月14日説明資料13頁

税が適用されます。高所得者層に偏在する資産性所得に対する低税率による分離課税によって、合計申告所得金額1億円をピークに所得税の負担率は減少に転じています。このように、実際には所得金額の全範囲にわたって垂直的公平が維持されているわけではないのです。

　社会保障の財源不足には、所得税の総合課税や累進課税の見直しによる税収増を充てる方が合理的ではないかと考えられます。ただし、高所得者層に適用される税率を引き上げただけでは、大きな税収増は期待できません。税率40％が適用される階層（課税所得1,800万円以上～2,000万円未満）と税率45％が適用される階層（同2,000万円以上）の合計納税者数は全体の1～2％であり、総合累進課税の最高税率を引き上げるだけでは多くの税収増は見込めません。仮に、金融所得に対する比例税率による分離課税を廃止し、累進税率による総合課税化を図れば、更なる税収増が期待できるとともに、応能負担が実現されます。アメリカ、ドイツ、フランス等の先進諸外国も金融所得については分離課税（選択を含む）が導入されていますが、日本の課税の方が緩いと言えます。しかし、わが国における金融所得課税に関する改正は、平成28（2016）年から株式譲渡損失と損益通算できる範囲を利子所得等に拡大するなど、金融所得課税の枠内での簡素性や公平性を図るなどの改善にとどまっています。

　また、金融所得等の資産性所得と給与所得等の勤労性所得との間における所得税の負担割合の較差問題は、水平的公平にも反するとも言えます。この較差問題は、金融所得に関する課税制度自体に起因するものであるとともに、税務執行上の問題でもあります。本章第1節で述べたように、わが国では番号制度の導入が諸外国に比べて著しく遅れ、これまで金融資産による所得の課税漏れに対する税務執行上の対応が十分では

ありませんでした。マイナンバー制度の導入後は、その有効活用によって金融資産による所得の課税漏れ対策の徹底が期待されるところです。

2　中立性の観点からの検討

　所得税は、累進度がきついと勤労意欲や事業意欲を損ないかねないと評価されています（第 1 章第 5 節）。しかし、現在の累進度は、度重なる減税措置によって比較的緩やかなものとなっています。また、所得税の負担が納税者の経済行動に影響を及ぼすことがあるとしても、それは限定的ではないでしょうか。例えば、年間の所得金額を課税最低限以下にとどめるため、あるいは扶養控除等の所得要件を満たすために、納税者や扶養親族が就業時間を調整するようなことはあります。しかし、仮に所得税の負担が多少重くなったとしても、大多数を占める中・低所得者層の人々は、勤労や事業をすることを控えるようなことはせずに、生計を維持するために勤労や事業を従前どおりに継続していかざるを得ないでしょう。

　一方、消費税については、勤労意欲や事業意欲に対して中立的であるとの評価があります（第 1 章第 5 節）。しかし、消費税については、その税率の引き上げによる負担増が、人々の消費意欲にどのような影響を与えるのかといった観点からも検討が必要です（第 3 章第 3 節）。

3　簡素性の観点からの検討

　所得税は、税率の累進構造や各種控除をはじめとして、種々の例外的な規定があり複雑であると評価されています。確かに、所得税は全体として複雑な税制であると言えます。しかし、納税者の大多数を占める給与所得者については、勤務先における源泉徴収や年末調整の手続きによ

り納税義務が完結します。また、医療費控除等の適用を受ける場合であっても、給与所得者自身で確定申告ができる場合が多いと言えます。

4　所得税の税収安定性

　財務省は、「税目別の税収の推移」について、「所得税、法人税の税収は景気動向に左右されやすい一方、消費税の税収は10兆円前後で推移しており、比較的安定しています。」（税制一般に関する平成23（2011）～25（2013）年当時のパンフレット）と説明していました。近年でも、このような説明をしていました。

　しかし、所得税の税収が平成3（1991）年のピーク時に27兆円あったのがバブル崩壊以降に急減したのは、景気低迷によるものもあるとしても、景気刺激策のための度重なる大規模な減税措置や平成19（2007）年から地方分権を進めるため所得税（国税）から住民税（地方税）への3兆円の税源移譲によるものが主要因と考えられます。

　また、所得の種類によっても税収安定性は大きく異なることにも注意が必要です。不動産や株式の譲渡所得、配当所得のように景気動向によって税収が左右されやすいものもあれば、給与所得のようにその影響を受けにくいものもあります。【図表7】は、所得税の全体の税収（年度）と、利子・配当・給与所得に係る源泉徴収税額（年分）の推移を表したものです。これによれば、所得税の税収の中で給与所得にかかる税収は、大きなウエイトを占め、安定的に推移していることがわかります。この背景には、給与総額が安定的に推移しているという要因があります。国税庁の民間給与実態統計調査結果によれば、民間の給与総額は平成10（1998）年分をピーク（223兆円）として逓増・逓減しており、過去10年では200兆円程度で安定的に推移しています。

　棒グラフで表示した利子所得に係る税収は、金利の高低を反映しており、ここ十数年は低い水準で推移しています。また、配当所得に係る税収は、平成25（2013）年以降増加していますが、これはアベノミクスの第一の矢（大胆な金融政策）と第二の矢（機動的な財政政策）の効果等もあって企業収益が拡大した結果を反映していると考えられます。

　【図表7】には、事業所得、不動産所得、譲渡所得等の確定申告の対象となる所得の税収は表示されていませんが、折れ線と棒グラフの間のスキマ部分にあるとみることができます。【図表8】は、確定申告の対象となる所得のうち主なものの所得金額の推移を示したものです。このグラフからそれらの所得金額に係る税額までは分かりませんが、景気動向の影響を受けやすい種類の所得金額の状況がある程度わかります。

【図表7】所得税収入と源泉所得税収入の推移

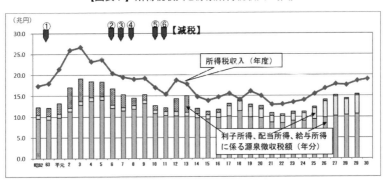

（出所）国税庁統計年報書と財務省のデータを基に作成。

（注）上記グラフ①～⑥の減税規模　　　　　　　　　　（単位：兆円）

【減税】	①	②	③	④	⑤	⑥
実施年度	昭63	平6	平7	平8	平10	平11
所得税	3.9	3.8	3.8	1.4	2.8	3.0
住民税	1.6	1.7	1.6	0.6	1.2	1.1

　所得税の課税対象となる所得を種類別にみると、給与所得の税収のように景気動向の影響を受けにくいものがあります。安定的な給与所得の税収は、所得税の税収全体の約6割（【図表7】の単純平均値）を占めています。所得税の税収は景気動向に左右されやすいといった一括りにした評価は、実態を的確に表現していません。

【図表8】主な申告所得の種類別所得金額の推移

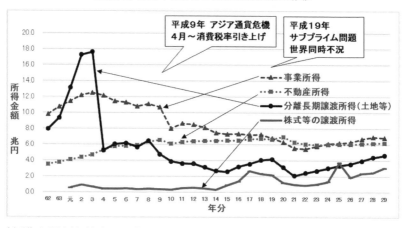

（出所）国税庁統計年報の時系列データを基に作成。

第3章　消費税の仕組み（裏側）と特徴

第1節　消費税とは付加価値（利益、人件費等）に係る税金

　付加価値税（Value Added TAX：VAT）は、フランスで1954年に開発され導入されました。わが国の消費税は、欧州を中心に発展してきた付加価値税を参考にして設計されました。ただし、消費税は、中小事業者の事務負担に配慮するために日本独自の方式を一部に取り入れたため、固有の問題を抱えてきました。本節では付加価値税である消費税の基本構造と特徴について解説します。そして、第2節では消費税制度の導入の経緯について、第3節と第4節ではその問題について解説します。

　消費税の納税義務者は、原則として、製造、卸売、小売等の各取引段階の事業者であり、それぞれが消費税額を計算し税務署に申告・納付する義務があります。これらを課税事業者と言います。ただし、課税期間に係る基準期間（個人事業者の場合は前々年、法人の場合は前々事業年度）における課税売上高が1千万円以下等の要件を満たす中小事業者は、上記の義務が免除されます。これらを免税事業者と言います。

　課税事業者においては、売上げに係る消費税から仕入れに係る消費税を控除して納付税額を算出します。【図表9】で卸売業者Cを例にとると、Cは小売業者Dへの売上げ70,000円に係る消費税7,000円から完成品製造業者Bからの仕入れ50,000円に係る消費税5,000円を控除して、その差額2,000円を税務署に申告・納付します。他の事業者も、同様に消費税額を計算して申告・納付します。各事業者は消費税分を売上先に転嫁（販売価格に上乗せ）することによって、最終的に消費者がその消費税分を負担することになります。転嫁がきちんと行われた場合、理論的に

は各事業者（A〜D）が税務署に納めた納付税額の合計額は、消費者が負担した消費税額（10,000円）と一致することになります。

【図表9】消費税の計算の仕組み

（単位：円）

	原材料 製造業者A	完成品 製造業者B	卸売業者C	小売業者D	消費者E
取引	売上げ　20,000 消費税①　2,000	売上げ　50,000 消費税②　5,000 仕入れ　20,000 消費税①　2,000	売上げ　70,000 消費税③　7,000 仕入れ　50,000 消費税②　5,000	売上げ　100,000 消費税④10,000 仕入れ　70,000 消費税③　7,000	支払額　110,000 うち消費税の 負担額　10,000
消費税	納付税額　a ①　　　2,000	納付税額　b ②−①　3,000	納付税額　c ③−②　2,000	納付税額　d ④−③　3,000	各事業者が納付 した消費税額の 合計
	申告・納付	申告・納付	申告・納付	申告・納付	a+b+c+d ＝10,000

（注）消費税と地方消費税を合わせた税率10％で計算。

消費税の仕組みの特徴は、次のように整理することができます。

・消費に対して広く公平に負担

消費税は、一部の非課税取引を除き、財やサービスの消費に対して広く公平に負担を求めています。特定の高級贅沢品のみを課税対象としていた（旧）物品税と比べると、より中立的な税制であると言えます。

・多段階課税方式の採用

消費税は、各取引段階のすべての課税事業者に納税義務を負わせる多段階課税方式を採用しています。この方式に対して、例えば小売事業者だけに納税義務を負わせるような方法を単段階課税方式（例：米国州税の小売売上税）と言います。税の徴収漏れ等のリスクを考慮すると、一部の事業者に多額の納税義務を負わせる単段階課税方式よりも、納税義務を広く薄く負わせる多段階課税方式の方が優れていると言えます。

・税の累積を排除

消費税は、生産、流通の各段階で二重、三重に税が累積して課される

こと（tax on tax）がないように、売上げに係る税額から仕入れに係る税額を控除する仕組みになっています（前段階税額控除方式）。消費税法上、これを「仕入税額控除」と言います。

・消費税の転嫁

　消費税は、事業者の販売する物品やサービスの価格に上乗せされ、その負担が順次売上げ先へと転嫁し、最終的に消費者が負担することが予定されている税金です。

　以上のように、消費税は、仕入れに係る税の累積の排除と売上先への税の転嫁が適切になされれば、事業者の取引活動への影響は抑えられるので、本来は中立的な税金です。また、消費税額の計算のために行われる事業者間の書類等のやり取りは、取引の透明化にも役立ちます。事業者相互間の取引は連鎖しており、ある事業者の売上げに係る税額は相手方の事業者の仕入税額控除の対象になりますので、事業者間で相互牽制が働きます。つまり、事業者が売上げの除外や仕入れの架空・水増し計上をすることが難しくなるので、所得税や法人税の脱税予防にもなります。

　しかし、わが国の消費税制度は、その導入に至るまでの政治的プロセスの中で本来のあるべき形から外れた部分があります。後で詳述しますが、わが国では欧州等で普及しているインボイス方式を採用しませんでした。また、中小事業者の事務負担に配慮して導入された各種の特例制度により、消費者が負担した消費税の一部が国庫に納められずに事業者の手元に残ってしまうという、いわゆる「益税」が問題化しました。更に、バブル崩壊を経て平成10（1998）年からデフレーション（継続的にモノの値段が下がり続け経済全体が収縮していくこと）経済の時代に入ると、特に中小事業者において消費税の負担の一部又は全部が転嫁できず事業者に帰着するという、いわゆる「損税」が問題化しました（本章第4節2）。

　ところで、消費税は、なぜ付加価値税と呼ばれるのでしょうか。前掲
【図表9】を見る限りでは、「付加価値」という語句は出てきません。付
加価値とは、一定期間において生産によって生み出された価値であり、
総生産額からその生産のために消費した財貨や用役の価額を差引いて算
出されます。また、付加価値は、事業者や従業員、政府等に分配される
利益、支払利息・割引料、動産・不動産賃借料、人件費、租税公課を合
計して算出することもできます。国全体で見ると、生産によって生み出
された付加価値は、事業者や従業員、政府等に分配されるとともに、そ
れらによって消費支出に充てられます。付加価値の額は、生産、分配及
び消費の三面から見て同じになります。したがって、付加価値に係る付
加価値税は、消費に係る消費税と同一であると言えます。

　以下では、事業者単位での消費税の納付税額の計算方法について説明
します。売上げに係る税金から仕入れに係る税金を控除して算出する方
法を「控除法」、付加価値の各要素を加算してその合計額に税率を乗じ
て算出する方法を「加算法」と呼ぶことにします。ただし、以下の加算
法の式ではウエイトの大きい利益と人件費のみを表示しています。

　　納付税額＝売上げ×税率－仕入れ×税率……控除法
　　　　　　＝（売上げ－仕入れ）×税率
　　　　　　＝付加価値×税率
　　　　　　＝（利益＋人件費）×税率…………加算法

　控除法の仕入れには人件費が含まれないので、逆に納付税額には人件
費に係る税額が含まれることになります。理論的にはいずれの方法で算
出しても納付税額は同じになりますが、実際には一般に控除法が採用さ
れています。加算法では、売上げと仕入れとを別々にして取引単位で免

税や非課税等に区分経理できないことなどがその理由です。付加価値の要素と消費税等との関係は、【図表10】の通りです。

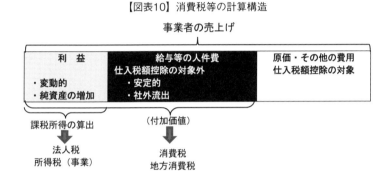

【図表10】消費税等の計算構造

一般に採用されている控除法を表側とすれば、加算法は裏側になります。消費税の計算実務には登場しない付加価値の要素である利益や人件費に着目することによって、消費税の本質的な特徴や問題が見えてきます。消費税の税収は景気動向にかかわらず安定していますが【図表11】、その理由も付加価値の要素に着目することによって説明できます。

　消費税の税収が安定する理由として、国民全体の消費支出が安定的に推移しているからだということがよく挙げられますが、ここでは納税義務者である事業者の視点で考えてみましょう。所得税の累進税率（5〜45％、7段階）や法人税の比例税率（23.2％等）と比べて、消費税はその税率（消費税率7.8％＋地方消費税率2.2％＝10％）が低いにもかかわらず、多額の税収を上げています。この特徴を多収性（収穫量の多い多収性農作物に喩えた表現）と言うことがあります。これは、消費税の課税ベースが利益や人件費を含む付加価値であり、所得税や法人税の課税ベースである所得金額（利益を基に算出）よりも大きいことが理由です。

【図表11】一般会計税収（主要税目）の内訳と推移

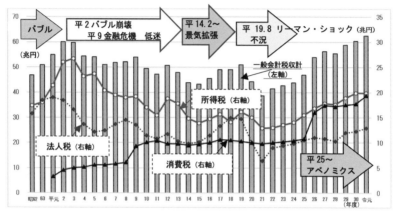

（注）平成30（2018）年度以前は決算額、令和元（2019）年度は予算額である。
（出所）財務省https://www.mof.go.jp/tax_policy/summary/condition/a03.htm
（2019年10月11日閲覧）　景況に関するコメントは筆者が追加。

　また、消費税の税収が安定するのは、課税ベースに含まれる人件費が主
要因と考えられます。利益は景気動向の影響を受けて増減しやすいのに
対して、人件費は景気動向にかかわりなく安定的に推移し、しかも付加
価値全体の6割以上を占めています。人件費は、消費税の多収性と税収
安定性をもたらしている主要因とみることができます。ただし、利益は
事業者に帰属するものであるに対し、人件費は事業者が従業員等に支
払ったもの（流出項目）です。消費税計算の仕組みの裏側にある人件費
に着目すると、消費税制度の弱点が見えてきます（本章第4節3）。

第2節　消費税制度の問題と改正の経緯

1　消費税の導入までの経緯

　わが国で「付加価値税」が最初に議論されたのは、シャウプ勧告に基

づく昭和25（1950）年度税制改正のときですが、人々の理解を得ること
ができず、昭和29（1954）年にその導入は断念されました。その後、日
本経済が高度経済成長期を迎えるようになると、所得税や法人税等が毎
年潤沢な自然増収を上げ続けたことから、付加価値税の必要性が主張さ
れることはありませんでした。

　1970年代に入ると二度にわたる石油ショックに遭遇し、日本経済が低
迷しました。その梃入れのため国債増発が繰り返され、また税収減によ
り財政危機が懸念されるようになりました。そこで、再び付加価値税が
注目されるようになりました。しかし、1970年代後半からの日本型付加
価値税の導入に向けた取り組みは、一筋縄ではいきませんでした。その
導入や税率の引き上げを巡る政治的な動きは、時の政権を崩壊させ、ま
た、人々の消費行動や中小事業者等の経営にも少なからず影響を与え、
経済を停滞させたこともありました。

　大平正芳内閣のときに、財政再建を目的として昭和54（1979）年1月
に、税率5％の一般消費税（付加価値税）の導入に向けて準備すること
を閣議決定しました。しかし、その年9月の衆議院解散後の総選挙中に
労働団体、商工団体、消費者団体等から強い反対を受け、大平首相は一
般消費税の導入を断念しました。この軌道修正にもかかわらず、自民党
は選挙で大幅に議席を減らしました。

　次の企ては中曽根康弘内閣のときです。中曽根首相は、昭和61（1986）
年7月の衆参両院の同日選挙期間中に、大型間接税を実施する考えはな
いという公約を掲げ、選挙で自民党は大勝利を果たしました。しかし、
選挙後に売上税（付加価値税）の導入が企てられ、昭和62（1987）年2
月に売上税法案を国会に提出しました。そのことが公約違反であるとし
てマスコミや一般国民から厳しく追及される結果となり、その後の統一

地方選挙で自民党が大きく議席を減らしました。売上税を含む税制改革案は、国会でまったく審議されずに廃案となりました。

そして、竹下登内閣のときに消費税法案が昭和63（1988）年12月に可決し、平成元（1989）年4月1日から消費税率3％で施行されることになりました。それと同時に物品税は廃止され、所得税、法人税及び相続税の大幅な減税が行われました。当時はバブル経済の時代であり、減税効果もあって、消費税導入による経済への影響は抑えられました。

2　インボイス方式と帳簿方式等

消費税制度の重要な仕組みの一つである仕入税額控除に関して、わが国では、欧州の方式とは異なる独自の方式を採用しました。欧州では、仕入税額控除についてインボイス方式を採用しています。インボイスは、日本で従来から用いられてきた請求書のようなものですが、法的な意味はまったく異なります。政府が管理する統一の業者番号が付与され、登録された課税事業者だけが、税額を明記したインボイスを発行できます。免税事業者は、インボイスを発行できないのです。そして、取引相手の課税事業者においては、そのインボイスの保存を要件として、インボイスに明記された税額を仕入税額控除の対象とすることができます。取引の際、インボイスを売上先に交付することによって業者間で牽制し合うので、預かった消費税を懐に入れるという、いわゆる「益税」の可能性は少なくなります。また、税務当局は業者番号を基に事業者ごとに名寄せを行い、取引のチェックが可能になりますので、所得税や法人税の適正な執行にも役立ちます。このようにインボイス方式は、制度の信頼性や透明性を確保する上で有効な手段であると言えます。

一方、わが国では、平成元（1989）年の消費税の導入に際し、インボ

イス方式ではなく「帳簿方式」を採用しました。帳簿方式は、原則とし
て、仕入れの事実を記載した帳簿又は仕入先から交付を受けた請求書等
の保存を税額控除の要件とするものです。所得税の場合は歴年、法人税
の場合は事業年度で課税されますので、帳簿方式の下では消費税の課税
期間をこれらに合わせるとともに、事業者の帳簿に記載された仕入れや
売上げの金額を一括し税率を適用することにより、消費税額を容易に計
算できました。全品目に一律の税率（当時 3 ％）が適用されていたので、
このような方式が可能でした。また、帳簿方式では、請求書等に適用税
率や税額を記載する義務はありませんでした。概して、帳簿方式は、事
業者にとって事務処理にかかる負担は少ないと言えます。

　ただし、帳簿方式は、インボイス方式にはない事務負担を事業者に負
わせる側面もありました。インボイス方式では、仕入先から交付された
インボイスに記載された税額の積み上げ計算によって仕入税額控除の計
算ができるのに対して、帳簿方式では、個々の課税事業者に正確な帳簿
の作成と課税・非課税取引の判定等に関する詳しい知識が求められまし
た。このように帳簿方式では一定の事務処理能力が要求されるために、
中小事業者の事務負担に配慮する措置として、一定の事業区分とみなし
仕入率の組み合わせによる簡易仕入税額控除制度が設けられました。

　帳簿方式では仕入税額控除の要件が「帳簿又は請求書等」の保存と
なっており、それらのいずれかが必要とされていましたが、平成 6
（1994）年の改正（平成 9 （1997）年 4 月 1 日施行）により「帳簿及び
請求書等」の保存が要件とされました。これを「請求書等保存方式」と
言い、仕入税額控除がより厳格に扱われるようになりました。

3 消費税の社会保障財源目的化

　消費税は、もともとはその使い道が特定されていない普通税であり、一般財源に充てられていましたが、以下のような経緯を経て、政治的・政策的判断により、社会保障の財源として目的税化されました。

　平成 5 （1993）年 8 月に日本新党の細川護熙代表を首相とする非自民・反共産 8 党派による連立政権が誕生しました。細川首相は、平成 6 （1994）年 2 月 3 日未明に「国民福祉税」構想を発表しました。その税制改革草案には、国民福祉税について高齢化社会においても活力ある豊かな生活を享受できる社会を構築するための経費に充てることを目的とする旨が定められ、税率 7 ％で 3 年後の平成 9 （1997）年 4 月 1 日から実施すると明記されていました。しかし、この構想の発表が唐突に行われたことから、その手続きについて連立政権内外から大きな不信感を買いました。また、国民福祉税の増税9.5兆円に対し所得税等の減税が 6 兆円であり、差し引き3.5兆円の増税になることや、国民福祉税の税率 7 ％の根拠が曖昧であるなどの批判を受け、最終的に国民福祉税構想は撤回されました。ただし、6 兆円の所得税等の減税は実施されました。

　平成 6 （1994）年 6 月、自民党、社会党、新党さきがけの三党からなる連立政権が誕生し、村山富市社会党委員長を首相とする内閣が発足しました。村山内閣は増減税一体処理の中で消費税率の引き上げを実現させる税制改革案を提出し、それが国会で可決・成立しました。そこには消費税に関して、①平成 9 （1997）年 4 月 1 日より税率を 3 ％から 5 ％へ引き上げること、②地方譲与税のうち消費譲与税を廃止し地方消費税を創設すること、③消費税引き上げ後の 5 ％の 1 ％分を地方へ配分すること、④消費税の税率は社会保障や行財政改革の検討結果を踏まえ、必要に応じ引き上げの半年前までに見直すこと、⑤消費税の中小事業者に

対する特例措置を廃止ないし縮小すること等が含まれていました。

　そして、橋本 龍 太郎内閣のときに、平成9（1997）年4月より消費
税率が3％から5％（地方消費税1％を含む）に引き上げられました。
これが平成9（1997）年秋以降の景気後退に拍車をかけたと批判されま
した。当時、アジア各国の急激な通貨下落に起因する経済危機が起こ
り、国内では大手証券会社の破綻等もあり金融システムへの不安が高ま
りました。

　人々の将来生活への不安の増加（内閣府「国民生活に関する世論調査」
等）を背景に、社会保障の財源として消費税を結び付ける動きが出てき
ました。地方交付税交付金に充てられる分を除いた最終的な国の取り分
について、平成11（1999）年度以降、毎年の予算総則に、基礎年金、老
人医療、介護の高齢者3経費に充てることが明記されました。そして、
この消費税の社会保障目的化は、更に確実なものになっていきました。

　野田佳彦内閣のときに、消費税の引き上げ分はすべて社会保障の充実
と安定化に使うという方針が固められ、消費税の増税を柱とする社会保
障・税一体改革関連法が、平成24（2012）年8月10日の参議院本会議に
て、民主、自民、公明3党などの賛成多数で可決、成立しました。5％
の消費税率は、平成26（2014）年4月に8％、平成27（2015）年10月に
10％へと2段階の引き上げ方針が決定されたのです。

　そして、安倍晋三内閣のときに、平成26（2014）年4月より消費税率
が5％から8％（地方税分を含む、以下同じ）に引き上げられました。
平成27（2015）年10月1日に10％へと消費税率が引き上げられる予定で
したが、安倍首相は平成26（2014）年11月に、経済状況等を総合勘案し
た上で増税を停止できる旨の景気弾力条項に基づきその引き上げを1年
半延期して平成29（2017）年4月から実施する決定をしました。更に、

平成28（2016）年6月1日にその後の経済情勢を勘案し、平成29（2017）年4月からの税率引き上げを2年半延期するとの決定がなされました。そして、平成28（2016）年11月18日の参議院本会議で税制改正関連法が可決、成立し、令和元（2019）年10月1日から消費税率10％への引き上げが決まり、予定通りに施行されました。

　消費税率8％のときの内訳は、消費税（国税分）は6.3％、地方消費税は1.7％でした。ただし、国税分のうち1.4％は地方交付税として地方に分配されますので、地方の取り分は合計で3.1％相当でした。そして、消費税率10％に引き上げ後は、消費税（国税分）は7.8％、地方消費税は2.2％となりました。また、国税分のうち1.52％は地方交付税として地方に分配されますので、地方の取り分は合計で3.72％相当になりました。消費税の税収は、地方分も含め年金、医療、介護の社会保障給付や少子化対策費に充てることが明確化されています。

　わが国では社会保障の財源に消費税を充てることによって、その増税が正当化されてきました。消費税の福祉目的化の問題については、第1章第6節でとりあげました。また、消費税は安定財源であり、その負担を勤労世代だけでなく広く社会の構成員で分かち合うという意味では良いのですが、次節以降で述べるように問題点もあります。

第3節　消費者の心理に与える影響

　消費税は、その税率引き上げによって家計消費が落ち込むなど国民経済に与える影響が大きいことが指摘されています。平成26（2014）年の消費税率引き上げ前には、増税推進派の人々からは楽観的な経済見通しが主張されていましたが、結果的には消費は大きく落ち込みました。駆け込み需要が起こる前の通常の時期に比べて、消費税率引き上げによっ

て、民間消費支出は約 8 兆円も減少し、名目GDPの成長を抑えること
になり、結果的に所得税や法人税の税収も伸び悩みました。

　景気は人々の気持ちが決める、とよく言われます。そもそも、景気の
「気」は人々の気持ちの「気」を表します。消費税は消費者の心理にど
のような影響を与えるのでしょうか。筆者は平成30（2018）年12月にリ
サーチ会社に委託し、アンケート調査を行いました（注）。以下はその
抜粋です。

（注）アンケート調査の実施方法
　　調査は、平成30（2018）年12月18日（火）〜12月20日（木）にマーケティングリサー
　チ業界最大手の株式会社インテージに委託して実施しました。この調査では、インテー
　ジに登録されているアクティブモニター258万人（母集団）の中から、20〜79歳の男女
　を対象として、日本における男女別・年代別・地域別の人口構成比にできるだけ合わせ
　て機械的に抽出し、1,000サンプルを回収しました。（藤巻、巻末参考資料22）

　調査時点から見て、問 5 は過去の消費税率の引き上げによる消費行動
への影響について、また、問 6 は近い将来の消費税率の引き上げによっ
て見込まれる消費行動への影響について、同一のモニターに対して質問
をしたものです。これら 2 つの回答結果を比較すると、【図表12- 3 】の
ようになります。

　買い物の仕方は特に変わらないという回答①は10％以上減少し、税率
の引き上げをきっかけに節約するという回答③は10％以上増加しまし
た。その傾向は女性の方が男性よりも強いです。

　平成26（2014）年 4 月からの税率引き上げは 5 ％から 8 ％へと 3 ％増
加したのに対し、令和元（2019）年10月からの税率引き上げは 8 ％から
10％へと 2 ％の増加にとどまり、また、食料品等に軽減税率 8 ％が適用
されることに加え、景気が落ち込むことを防ぐために各種の経済対策が
実施されます。また、平成26（2014）年当時と比べて、今日ではデフレ
経済も改善されてきています。しかし、平成26（2014）年 4 月の税率の

> 問5　平成26（2014）年4月1日に消費税率が5%から8%に引き上げられたことをきっ
> 　　　かけに、普段の買い物の仕方に変化はありましたか。
> ①　特に変化はなかったと思う。
> ②　消費税率の引き上げ前に普段よりも多く買い物をしたが、その後はもとの買い物の
> 　　仕方に戻った。
> ③　消費税率の引き上げをきっかけにして家計を引き締める（節約する）ようになった。
> ④　その他（　　　　　）
> ⑤　わからない／答えたくない。　　　　　　　　　　　（回答は1つ）

【図表12-1】問5①〜⑤の回答割合　有意差あり（P＜0.001＊＊）。④⑤は除外。

	人　数	①	②	③	④	⑤
全　体	1,000人	46.2%	24.9%	24.4%	0.8%	3.7%
男　性	496	51.4	19.6	24.6	1.0	3.4
女　性	504	41.1	30.2	24.2	0.6	4.0

> 問6　来年（2019年）10月1日から消費税率が8%から10%へ引き上げられるとともに、
> 　　　低所得者対策として軽減税率 8%が導入される予定です。軽減税率の対象品目は、
> 　　　(1)酒類・外食を除く飲食料品と、(2)週2回以上発行される新聞（定期購読契約に基
> 　　　づくもの）です。消費税率の引き上げをきっかけに、あなたの普段の買い物の仕方は
> 　　　変わると思いますか。
> ①　特に変わらないと思う。
> ②　消費税率の引き上げ前に普段よりも多く買い物をするかもしれないが、その後はも
> 　　との買い物の仕方に戻ると思う。
> ③　消費税率の引き上げをきっかけにして、家計を引き締める（節約する）ようになると
> 　　思う。
> ④　その他（　　　　　）
> ⑤　わからない／答えたくない。　　　　　　　　　　　（回答は1つ）

【図表12-2】問6①〜⑤の回答割合　有意差あり（P＜0.001＊＊）。④⑤は除外。

	人　数	①	②	③	④	⑤
全　体	1,000人	32.6%	23.2%	39.0%	0.9%	4.3%
男　性	496	39.9	20.0	35.3	1.0	3.8
女　性	504	25.4	26.4	42.7	0.8	4.8

【図表12-3】問5と問6の回答割合の比較

	回答結果①の増減	回答結果②の増減	回答結果③の増減
全　体	▲13.6%	▲1.7%	＋14.6%
男　性	▲11.5	▲0.6	＋10.7
女　性	▲15.7	▲3.8	＋18.5

引き上げを機に消費者が実際にとった行動と比べて、令和元（2019）年
10月の消費税率引き上げに向けた消費者の意識では節約志向が強くなっ
ています。これについては将来への不安を感じる日本人が多いからなの
かもしれませんが、次のような仮説も考えられます。

・消費税率が10％という切りの良い数値になると、買い物の直前に消費
　税額の負担額を容易にイメージしやすくなるので、より節約的に行動
　しようとする。
・消費税率が2桁台に突入するという数字のインパクトによって、より
　節約的に行動しようとする。

　一つ目の仮説は個人が実際に買い物をする際の心理状態に関するもの
ですから、今回のアンケート調査の結果の理由として必ずしも当てはま
るものではありません。ただし、この種の仮説は、先行研究で「買い物」
実験によって検証が試みられています（藤井、巻末参考資料9）。これ
まで買い物をする直前において消費税の負担額をそれほど気にしなかっ
た者でも、税率が切りの良い10％になれば、買い物の直前に消費税額の
負担をイメージしやすくなるので、特に欲しいものや必要なものでない
限り、買い物に対して抑制的になることは十分に考えられます。また、
税率2桁台への突入という重い税負担のイメージと相まって、消費者は
より節約的に行動するようになることも考えられます。

第4節　事業者における各種問題

1　各種特例措置による益税の問題

　平成元（1989）年に消費税を導入するに当たり、納税義務者である事
業者の事務負担を軽減するために、事業者にとって有利な特例制度が導
入されました。これらは、消費税の円滑な導入に寄与しましたが、中小

零細事業者への手厚い措置は、消費税の一部が事業者の手元に残るという、いわゆる「益税」の問題を生み、大きな社会問題となりました。

　まず、免税事業者において生じる益税の例を紹介しましょう。課税期間に係る基準期間における課税売上高が一定金額以下の小規模事業者には、消費税の納税義務が免除される制度（事業者免税点制度）があります（本章第1節）。消費税が導入された当時、その基準となる課税売上高は3千万円以下であり、多くの中小事業者がこの特例制度の恩恵を受けていました。免税事業者において益税が生じる仕組みを【図表13】の取引例（税率3％は消費税導入時のもの）を用いて説明します。

【図表13】免税事業者に益税が生じる仕組み

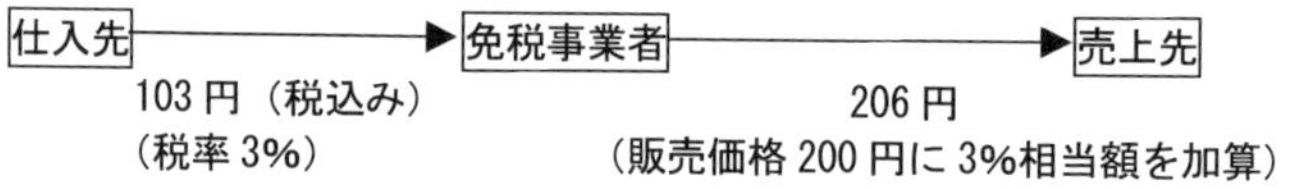

```
仕入先 ────────────▶ 免税事業者 ────────────▶ 売上先
   103円（税込み）              206円
   （税率3％）        （販売価格200円に3％相当額を加算）
```

　免税事業者は仕入れ100円に係る消費税3円を仕入先に支払っているので、免税事業者であっても、売上先に対してその分を上乗せして販売しないと、それを自分で負担することになります。しかし、消費税導入前に200円で販売していた商品に税率3％相当分の6円を上乗せして206円で販売すれば、益税3円（＝6円－3円）が生じることになります。平成元（1989）年の頃はバブル景気による物価上昇期に当たり、消費税に便乗して値上げを行うことも容易だったようです。消費者の支払った消費税の一部が国に納付されず、その免税事業者の手元に残るという益税に対して批判が強くなりました。そこで、平成9（1997）年度の税率引上げに当たり、免税事業者の基準となる課税売上高が3千万円から1千万円に引き下げられ、多くの免税事業者が課税事業者になりました。

　また、一定の事業区分とみなし仕入率の組み合わせによる簡易仕入税額控除制度に起因する益税もあります。詳細については省略しますが、この特例制度を選択適用することによって、本来の仕入税額控除額よりも過大に控除することができる場合、その過大控除分が事業者にとって益税となります。益税の縮小に向けて、平成3（1991）、平成6（1994）、平成15（2003）、平成26（2014）の各年度の税制改正により、事業区分とみなし仕入率の組み合わせが細分化されるなど順次見直されてきました。

2　転嫁困難性等による損税の問題

　本章第1節で述べたように、平成元（1989）年の消費税の導入以降、益税が消費者側の不満となり社会的に大きな問題となりましたが、バブル崩壊を経て平成10（1998）年からデフレ経済の時代に入ると、特に中小事業者等において消費税の負担の一部又は全部が転嫁できずに事業者に帰着するという、いわゆる「損税」が問題になりました。

　消費税法上、納税義務者は事業者であることは規定されていますが、税の転嫁に関する規定はありません。消費税創設時に制定された税制改革法11条に「事業者は、…消費税を円滑かつ適正に転嫁するものとする」との規定があるだけです。「ものとする」とは、そのようにすることが当然期待されることを意味し、強い義務を表すものではありません。基本的に税の転嫁は各事業者の努力に委ねられているのです。そのため、実際には市場競争力や価格交渉力の点で弱い立場にある事業者においては消費税分を転嫁できずに自ら負担することがあります。デフレ経済の下では消費者の財布の紐が固くなります。事業者が消費税相当分を販売価格に上乗せして販売できなかった場合でも、その事業者は法律で決められた税率で納付税額を計算しなければなりません。これは実質的な値

引き販売であり、その事業者の経営を圧迫することになりかねません。

　平成24（2012）年の社会保障と税の一体改革において、消費税率が引き上げられることとなり、その検討過程で特に注目されるようになったのは、損税の問題でした。同年4月1日に消費税率を5％から8％へ引き上げることに合わせて、消費税の円滑かつ適正な転嫁に支障が生じないよう、政府として、強力かつ実効性のある転嫁対策を実施するため、平成25（2013）年6月5日に「消費税の円滑かつ適正な転嫁の確保のための消費税の転嫁を阻害する行為の是正等に関する特別措置法」が成立しました。この法律は時限法であり、その執行期限はもともと平成29（2017）年3月31日でしたが、平成30（2018）年9月30日に延長され、更に平成33（令和3、2021）年3月31日に再延長されました。これは、民間の取引活動をそのまま放置していたのでは、消費税の転嫁が円滑に行われにくい場合があることを国が認めたものあると言えます。

　消費税は、「生産活動に伴う所得に対して課税するものでないので…中立的である」（第1章第5節【図表1】）という通説的な評価は、長期間続いてきたデフレ経済下では当てはまらない場合があります。

3　消費税収の安定性と多収性の要因

　消費税は景気動向にかかわらず税収が安定していること、また、所得税や法人税と比べて低い税率で多額の税収が上げられるという特長を有しています。このように消費税の税収安定性と多収性をもたらしている要因は、その課税ベースである付加価値にあります。本章第1節で解説したように、付加価値は、主要な要素である利益と人件費のほか、支払利息等、動産・不動産賃借料、租税公課で構成されています。【図表14】は、消費税の実際の税収（棒グラフ）と、付加価値の主要な要素である

【図表14】消費税の税収と付加価値の要素との関係

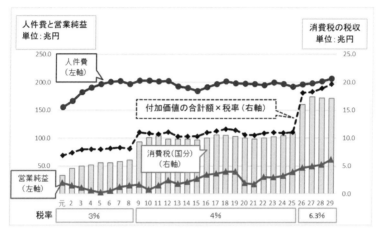

（注）　棒グラフは、消費税の税収は財務省「主要税目の税収」の数値に基づき作成しました。実線の折れ線グラフは、財務総合政策研究所による法人企業統計調査のデータを基に付加価値の要素である人件費（役員給与、役員賞与、従業員給与、従業員賞与、福利厚生費）と営業純益（＝営業利益−支払利息・割引料）の金額の推移を示したものです。付加価値には個人事業者の分は含まれていません。
　　　点線の折れ線グラフは、人件費と営業純益を含む付加価値の合計額にそのときの税率（3％、4％、6.3％）を乗じた金額の推移を示したものです。

利益（「営業純益」と表示）と人件費との関係を表したものです。点線の折れ線グラフは、人件費と利益を含む付加価値の合計額に税率を乗じて算出した金額を示したものです。本章第1節で述べたように、消費税額の計算実務では控除法が採用されていますが、理論的には付加価値の要素を加算してその合計額に税率を乗じて算出する加算法があります。ここでは、付加価値と実際の消費税収入との関係を見るために、あえて加算法を使って付加価値の合計額から税収額を推計してみました。

【図表14】から、付加価値に関する統計データを基に加算法によって計算された推計額が、消費税の実際の税収額と概ね重なり合うことがわ

かります。平成8（1996）年度まで2つのグラフの階差が大きいのは、中小事業者向けの各種の特例措置によって免税や納税額軽減の恩恵を受けている中小事業者の数が多かったからであると推測されます。平成9（1997）年度の税率の引き上げを機に、中小事業者向けの各種の特例措置について一部の廃止や適用対象の制限等が行われました。

　次に付加価値の主要な要素である利益と人件費の特徴に着目してみましょう。利益とは事業者が1年間に稼いだ儲けであり、また、純資産（＝資産－負債）の1年間の増分を反映しています。利益は事業者自身に帰属するのに対して、人件費はどうでしょうか。人件費は、労務の対価として従業員や役員に対してお金等で支払ったものです。利益は留保項目であるのに対し、人件費は流出項目であると言うこともできます。利益（黒字）を計上している事業者は全体の一部（法人では3割程度）ですが、人件費はすべての事業者において生じています。

　利益は経済動向によって増減する傾向があります。例えば、平成20（2008）年度は利益が大きく減少していますが、これは平成19（2007）年にアメリカで顕在化したサブプライム住宅ローン危機を発端としたリーマン・ショックとそれに連鎖した一連の世界金融不況（世界同時不況）の影響によるものと考えられます【図表11】。これに対して、人件費は景気動向にかかわらず比較的安定的に推移（2百兆円程度の年度が多い）しています。

　事業者にとって人件費は雇用契約等に基づき月単位等により継続的に発生する固定費です。また、一人当たりの収入は減っても、共働き世代は増加傾向にあり、人件費の総額には大きな変化はありません。消費税の課税ベースに人件費が含まれており、それが大きなウエイトを占めています。経理担当者等の実務家はいつも控除法により消費税額を算定し

ていますので、そのことを直接的に認識されている方は少ないようです。人件費こそが、消費税の税収安定性と多収性をもたらしている直接的な要因であると言えます。

　ただし、それ故に脆弱な側面もあります。価格交渉力や市場競争力が弱い中小事業者の中には増税時に販売価格を据え置かざるを得ないなど、予定通り消費税分を売上先に転嫁できない場合があります。事業者が販売価格に消費税分を上乗せできなかった場合、そのうち利益に係る部分は所得課税と実質的に同じような意味になり、所得の一部から納税されると見れば資産的裏付けは一応あります。しかし、流出項目である人件費に係る部分については、納税資金の裏付けはありません【図表10】。

　消費税は、その計算構造に由来する理由から、転嫁困難な状況にある事業者にとっては、所得課税よりも重い負担となり、資金繰りに窮することになります。実際、消費税は他の税目に比べて、滞納の新規発生額が大きいです。特に、税率引き上げの翌年度（平成10（1998）と平成27（2015）の各年度）で新規発生滞納額の増加が顕著です【図表15】。

【図表15】税目別の新規発生滞納額の推移

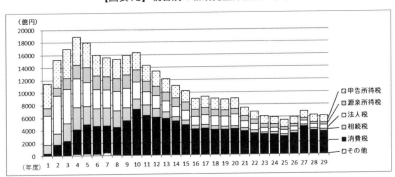

（出所）国税庁の記者発表資料。

4 消費税率の引き上げと軽減税率の導入の問題

　消費税については、逆進性の問題がよく指摘されます。逆進性とは、低所得者層ほど消費税の負担割合が高くなる現象のことを意味します（第1章第3節1）。わが国では、逆進性への対策として軽減税率を採用しました。消費税率10％への引き上げとともに、軽減税率8％が導入されました。その対象品目は、①酒類・外食を除く飲食料品と②週2回以上発行される新聞（定期購読契約に基づくもの）とされています。

　しかし、軽減税率の問題として、①軽減税率の恩恵は高所得者層も享受するので、再分配効果は乏しいこと、②軽減税率の対象品目に何を含めるのかの線引きが難しいこと、③仮に、食料品に軽減税率を適用すると、数兆円もの減収となり社会保障費にあてる財源が乏しくなること、④複数の税率に対応した仕入税額の計算のためにはインボイス方式の導入や新たなシステムの導入が必要であり、事業者の納税や執行当局の徴税の事務負担が増加することなどが指摘されていました。

　付加価値税の運営に関し、わが国よりも長い経験を有する欧州では、軽減税率の問題点が既に指摘されています。欧州委員会（European Commission）が発表した「グリーン・ペーパー（Green Paper）2010年」では、軽減税率は、煩雑性やそれによる税収減の問題があるとともに、貧困対策のための再分配政策を推進する上で最善の手段ではないとも指摘しています。また、イギリスで公表された「マーリーズ・レビュー（The Mirrlees Review）2011年」と呼ばれる報告書では、付加価値税制度の複雑化と歪みをもたらす非課税項目と軽減税率適用項目のほとんどは除去すべきであると指摘しています。

5　消費税率の引き上げが各業界に与える影響

　本節では、消費税率の引き上げが消費者心理に与える影響、消費税の転嫁困難性による損税の問題、消費税の税収安定性と人件費との関係、消費税の軽減税率の問題等について述べてきました。最後に、これらの問題等が複合化することで顕在化すると見込まれる問題を紹介します。

　筆者は前述の消費者向けアンケート調査とは別に、平成30（2018）年11月にリサーチ会社に委託し、事業関係者向けのアンケート調査を実施しました（注）。以下の質問及び回答結果はその抜粋であり、人手不足による人件費の上昇と消費税の納税への影響に関するものです。近年の人手不足に伴う人件費の上昇によって、消費税の納税に窮するなどの影響が特に出ている業種は飲食店業であり、次いで宿泊業、小売業、医療・福祉となっています。

　これらの業種は、別の質問で平成26（2014）年4月の税率5％から8％への引き上げ時に一部又はまったく「転嫁できなかった」と回答した者が多い業種です（調査結果は掲載略）。なお、日本商工会議所が平成26（2014）年7月・10月、平成27（2015）年8月に行ったアンケート調査でも、飲食店業、小売業、特定のサービス業では、一部又はまったく「転嫁できなかった」との回答割合が比較的高くなっています。

（注）アンケート調査の実施方法
　調査は、消費者向け調査（本章第3節）と同様に株式会社インテージに委託して実施しました。調査期間は、平成30（2018）年11月14日（水）～11月16日（金）です。同社に登録されているアクティブモニター274万人の中から、会社の財務・会計・経理の業務に従事する30～69歳の男女を対象として抽出しました。その中から更に、会社の役職者（経営者、役員、部長・課長・係長クラス）等を抽出して質問を送信し合計3,246サンプルを回収しました。【図表16】は、回収分のうち免税事業者と無回答を除いた者（1,802）の分析結果です。（藤巻、巻末参考資料22）

問17　近年では人手不足に伴い人件費が上昇傾向にありますが、そのことはあなたの会
社の消費税の納税に影響を与えましたか。
① 人件費の上昇に伴い、消費税の納税に窮するなどの影響が出た。
② 人件費は上昇したが、消費税の納税に窮するなどの影響は出ていない。
③ 当社では人件費は上昇傾向にはない。
④ その他（　　　　　）　　　　　　　　　　（答えは１つ）

【図表16】問17の回答結果

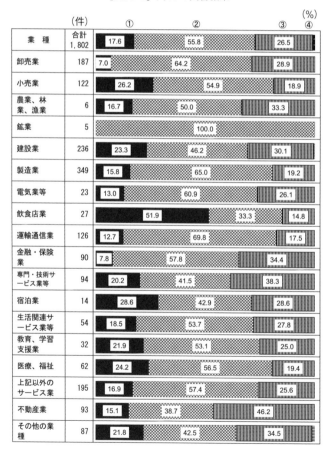

業　種	合計(件)	①	②	③	④
合計	1,802	17.6	55.8	26.5	
卸売業	187	7.0	64.2	28.9	
小売業	122	26.2	54.9	18.9	
農業、林業、漁業	6	16.7	50.0	33.3	
鉱業	5		100.0		
建設業	236	23.3	46.2	30.1	
製造業	349	15.8	65.0	19.2	
電気業等	23	13.0	60.9	26.1	
飲食店業	27	51.9	33.3	14.8	
運輸通信業	126	12.7	69.8	17.5	
金融・保険業	90	7.8	57.8	34.4	
専門・技術サービス業等	94	20.2	41.5	38.3	
宿泊業	14	28.6	42.9	28.6	
生活関連サービス業等	54	18.5	53.7	27.8	
教育、学習支援業	32	21.9	53.1	25.0	
医療、福祉	62	24.2	56.5	19.4	
上記以外のサービス業	195	16.9	57.4	25.6	
不動産業	93	15.1	38.7	46.2	
その他の業種	87	21.8	42.5	34.5	

　消費税率の引き上げと軽減税率の導入は、特に飲食店業界に大きな打撃を与えることになると予想されます。概して、飲食業においては内装工事等の初期投資が多額であり、市場参入者が多くライバル店間の価格競争も激しいこと、また、巷間言われるように、仕事がきつくアルバイトが確保しにくいといった特徴があります。

　上記調査結果によると、飲食店業においては、転嫁困難性の程度が高く、人件費上昇による消費税の納税への影響が顕著です。人件費の上昇は必要経費の増加を意味し、それによって利益は減少するので、法人税や所得税の納税額は少なくなります。一方、消費税の課税対象は付加価値（＝利益＋人件費＋その他）であり、人件費が増えた分だけ利益が減っても、付加価値の総額は変わりませんので、消費税の納付税額が少なくなることはありません。飲食店業においては、消費税率の引き上げ後、商品やサービス価格を据え置かざるを得なくなり、資金繰りを更に悪化させ消費税の納税に窮するところも多くなるでしょう。

　更に、令和元（2019）年10月から導入された軽減税率が飲食店業に及ぼす影響が懸念されます。飲食店業が提供する外食サービスは軽減税率の対象外です。このことは、消費者にどのような影響を及ぼすのでしょうか。標準税率10％への引き上げと食料品に係る軽減税率８％の導入によって、消費者が外食サービスを敬遠し、軽減税率の対象となる中食（店で調理済の食品を買って自宅に持ち帰ってする食事）や内食（自宅で調理してする食事）を選好する傾向が強まることも考えられます。

　本章第３節の消費者に対するアンケート調査の結果で示したように、今回の税率の引き上げをきっかけに節約すると考えている者が前回の税率の引き上げ時に比べて10％以上増加しています。消費税率の引き上げと飲食料品への軽減税率の導入は、外食サービスを提供する飲食店業に

対して、消費税の転嫁困難性や人件費上昇の問題と相まって打撃を与えることになるでしょう。

　日本政策金融公庫・総合研究所の「新規開業パネル調査」（平成28（2016）年12月28日）によれば、平成23（2011）年末に存続していた「飲食店、宿泊業」を営む企業のうち平成27（2015）年末で18.9％が廃業しており、最も高くなっています（全体の廃業率：10.2％）。消費税率の引き上げは、廃業するかどうかでぎりぎりのところで悩んでいた飲食店業者に対して、廃業のきっかけを与えることになるかもしれません。

　消費税率の引き上げによって大きな影響を受けるのは、飲食店業者だけとは限りません。労働集約型産業（生産要素に占める資本の割合が低く人々の労働力に依存する割合が大きい産業）である他のサービス業の一部も大きな影響を受けることになるでしょう。また、財務総合政策研究所の法人企業統計を基に分析（藤巻、巻末参考資料21）すると、業種を問わず小規模事業者ほど売上高に占める人件費の割合が高くなる傾向にありますので、小規模事業者の中にも少なからず影響を受けるところが出てくるでしょう。消費税率の引き上げは、それらの事業者の下で働いている多くの人々の雇用にも影響を与えることになるでしょう。

　消費税は本来的に優れた特徴を有する税制ですが、経済状況によっては一部の事業者の経営を圧迫することになりかねません。それが顕著に表れやすいのが、飲食店業や労働集約型産業であるサービス業の一部であると推測されます。令和元（2019）年10月１日より消費税率の引き上げと軽減税率の導入という新たな局面を迎えたことを機に、これまで述べてきたように人件費の観点から消費税の問題について実態解明をするとともに、その対応策について研究を進めていくことが必要であると考えます。

あとがき

　平成23（2011）年度税制改正大綱において、「租税教育の充実」につ
いて初めて閣議決定されて以来、国税庁、総務省及び文部科学省が協議
を行い、協力して租税教育の充実に向けて継続的に取り組んできまし
た。租税教育では、児童・生徒等が租税の意義や役割を正しく理解し、
社会の構成員として税金を納め、その使い道に関心を持ち、さらには納
税者として社会や国の在り方を主体的に考えるという自覚を育てること
を目的に行われています。また、平成28（2016）年に選挙権年齢が20歳
以上から満18歳以上に引き下げられたことを受け、わが国や地域の課題
を理解し、課題を多面的・多角的に考え、自分なりの考えを形成してい
くことも求められています（総務省・文部科学省、巻末参考資料16）。
　しかし、一般の人々にとって消費税と所得税は生活に及ぼす影響が大
きいにもかかわらず、それぞれの負担の在り方を主体的に考えていく上
で、各税の本質的な特徴について的確に理解できるような情報が広く提
供されていないように感じます。そのことが本書を執筆した動機の一つ
でした。本書では、消費税を人件費等の付加価値に係る税金としてとら
えて、消費税の仕組みに潜む問題点について、筆者の実証研究の成果の
一部を用いながら解説しました。本書が、わが国の税制について多面
的・多角的に考察するための一助となることを祈っています。

謝辞
　本研究は、JSPS科研費15K12968（平成27〜30年度（１年延長）、挑戦
的萌芽研究）の助成を受けたものです。

《主な参考資料》

1　Schnek, Alan and Oldman, Oliver, 2006, *Value Added Tax: A Comparative Approach*, Cambridge University Press, pp.38-48.
2　石弘光『消費税の政治経済学—税制と政治のはざまで』（日本経済新聞出版社、2009）。
3　井堀利宏『消費増税は、なぜ経済学的に正しいのか—「世代間格差拡大」の財政的研究』（ダイヤモンド社、2016）。
4　金子宏『租税法　第23版』（弘文堂、2019）、第1編第3章「わが国における租税制度の発達」。
5　佐藤進・宮島洋『戦後税制史（第2増補版）』（税務経理協会、1990）。
6　髙橋洋一『「消費増税」は嘘ばかり』（PHP新書、2019）。
7　髙橋洋一『政治家も官僚も国民に伝えようとしない増税の真実』（SB新書、2019）。
8　醍醐聰『消費増税の大罪—会計学者が明かす財源の代案』（柏書房、2012）。
9　藤井聡『「10％消費税」が日本経済を破壊する』（晶文社、2018）。
10　森信茂樹『抜本的税制改革と消費税—経済成長を支える税制へ—』（大蔵財務協会、2007）。
11　吉沢浩二郎編著『図説　日本の税制　平成30年度版』（財経詳報社、2018）及び同書（平成9〜29年度版）の「所得税と消費税の特徴」
12　国税庁 点字広報誌「私たちの税金」「税金とは」（令和元年度版）。
　　https://www.nta.go.jp/publication/tenji/pdf/03.pdf（2019年10月11日閲覧。）
13　財務省　https://www.mof.go.jp/tax_policy/publication/brochure/zeisei3006/01.htm （2019年10月11日閲覧。）
14　財務省　https://www.mof.go.jp/faq/seimu/04.htm（2019年10月11日閲覧。ただし、2020年1月20日に確認したところ、削除。）
15　税務大学校 NETWORK租税史料 所得税の歴史。
　　https://www.nta.go.jp/about/organization/ntc/sozei/tokubetsu/18.htm（2019年10月11日閲覧。）
16　総務省・文部科学省（教師用指導資料）『私たちが拓く日本の未来【活用のための指導資料】有権者として求められる力を身に付けるために』（2015）。

著者によるもの
17〜19『税経通信』（税務経理協会）所収、20〜22『新潟大学経済論集』所収。
17　「所得税と消費税の特徴に関する比較評価について（上・下）」68巻1・3号、2013年。
18　「消費税増税に伴う滞納増加の懸念とその発生原因及び対応策」69巻5号、2014年。
19　「付加価値税としての消費税の意義と問題点：制度議論の死角にある給与等を中心として」71巻9号、2016年。
20　「消費税法における簡易仕入税額控除制度の問題と限界：人件費アプローチに基づく特例措置の提言」104号、2018年。
21　「消費税法における簡易仕入税額控除制度の欠陥の分析—会計検査院による平成24年10月報告書の批判的考察—」105号、2018年。
22　「消費税率の引き上げが事業者及び消費者に与える影響—インターネット調査（2018年11月・12月実施）の結果—」106号、2019年。

■ 著者紹介

藤巻　一男（ふじまき　かずお）
　1960年　新潟県十日町市生まれ
　1982年　富山大学経済学部卒業
　1982〜2007年　国税庁に在職
　2007年　新潟大学経済学部准教授
　2013年　博士（学術）、論文、新潟大学
　現在、新潟大学創生学部・経済学部担当　教授

（学外職歴）
　国税庁に在職した25年間のうち、本庁（長官官房国際業務室、調査査察部調査課）に10年間勤務し、国際税務や大企業調査の管理・企画・運営等の事務に従事した（そのうち１年３か月間は研究科生、一橋大学法学部派遣）。また、国税不服審判所本部管理室に２年間、税務大学校研究部に４年間勤務し、不服審査の管理、教育・研究に従事した（執筆した研究論文で日税研究賞特別賞と租税資料館賞を受賞）。関東信越国税局調査査察部に通算６年間、西川口税務署に３年間勤務し、法人調査に従事した。

ブックレット新潟大学70　消費税の仕組みの裏側—人件費との関係—

2020（令和２）年３月31日　初版第１刷発行

編　者——新潟大学大学院現代社会文化研究科
　　　　　ブックレット新潟大学編集委員会
　　　　　jimugen@cc.niigata-u.ac.jp

著　者——藤巻　一男

発行者——渡辺英美子

発行所——新潟日報事業社
　〒950-8546　新潟市中央区万代3-1-1　新潟日報メディアシップ14F
　TEL　025-383-8020　　FAX　025-383-8028
　http://www.nnj-net.co.jp

印刷・製本——株式会社ウィザップ

「ブックレット新潟大学」刊行にあたって

　有史以来、人類は共に助け合いながら生きようとする「共生」の精神をもちながら日々努力してきました。その結果、現代社会は繁栄の極に達し、私たちの生活は非常に豊かになりました。しかし、繁栄の陰に潜むさまざまな弊害が肥大化しつつあることもまた事実です。

　科学の暴走がもたらす深刻な自然破壊、地球温暖化現象、共生の精神を無視して過熱する国家間の競争、相次ぐテロ、若者のコミュニケーション能力の低下等がそのことを端的に物語っていると言えるでしょう。共に助け合いながら生きてゆく共生の精神の喪失は、社会の危機に直結します。私たちはこうした状況を直視し、利己的に他者を排斥したり、人類に生命を注ぐパイプである自然を断ち切るのではなく、一人一人が協力し合い、高い倫理観をもって英知を結集する必要があります。

　新潟大学大学院現代社会文化研究科は、人間と人間、人間と自然が「共」に「生」きることを意味する「共生」と、さまざまな問題を現代という文脈の中で捉えなおすことを意味する「現代性」のふたつを理念として掲げています。日本海側中央の政令指定都市新潟市に立地する本研究科は、東アジアとそれを取り巻く環東アジア地域のみならず国際社会における「共生」に資する人材を育成するという重要な使命を担っています。

　本研究科は人文科学、社会科学、教育科学の幅広い専門分野の教員を擁する文系の総合型大学院としての特徴を活かし、自分の専門の研究を第一義としながらも、既存の学問領域の枠にとらわれることなく学際的な見地からも探求し、学問的成果を育んでいます。

　本研究科の研究成果の一端を社会に還元するため、「ブックレット新潟大学」は2002年から刊行され、高校生から社会人まで広くお読みいただけるようわかりやすく書かれています。このブックレットの刊行が「共生」という理念を世界の人々と共有するための一助となることを心から願っています。

2020年2月

新潟大学大学院現代社会文化研究科
研究科長　　大　竹　　芳　夫